# 문해력 보스

## 한국사 초등 3~6학년

**우리 문화 ❷** 고려~조선 전기

# 우리 아이에게 "문해력"이 필요한 이유

문해력은 "글을 읽고 쓸 줄 아는 능력"입니다.
그럼 우리 아이의 문해력을 키우면 성적이 올라갈까요?

네, 그렇습니다.
문해력은 공부를 하는 데 필요한 기본 도구입니다.
국어, 사회, 과학 등 아이들이 배우는 과목에는 읽기와 쓰기 능력이 필요합니다.
문해력이 높으면 질문을 쉽게 이해하고
올바른 대답을 쓰거나 말할 수 있습니다.
문해력은 우리 아이의 학습 능력 그 자체입니다.
그래서 우리 아이에게 문해력이 필요합니다.

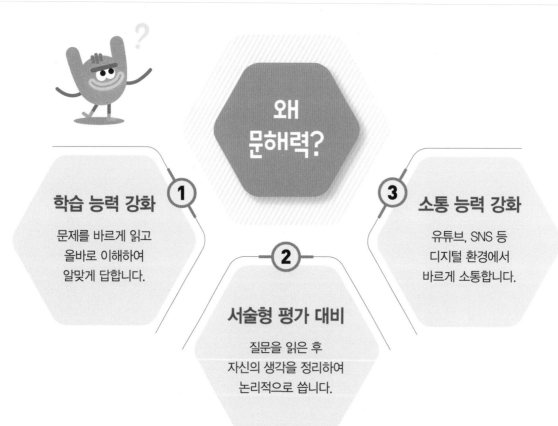

**왜 문해력?**

**① 학습 능력 강화**
문제를 바르게 읽고
올바로 이해하여
알맞게 답합니다.

**② 서술형 평가 대비**
질문을 읽은 후
자신의 생각을 정리하여
논리적으로 씁니다.

**③ 소통 능력 강화**
유튜브, SNS 등
디지털 환경에서
바르게 소통합니다.

# "문해력보스"가 특별한 이유!

문해력보스는 일반적인 문해력 책과 다릅니다.
이 책은 "글 문해력과 디지털 문해력을 함께 기르는 훈련서"입니다.

글에 대한 문해력을 키우는 것만큼 중요한 것은
유튜브, SNS와 같은 디지털 매체에 대한 문해력을 키우는 것입니다.
우리 아이는 디지털 매체가 가득한 세상에 살고 있습니다.
학교나 집에서 태블릿 PC로 수업을 하고,
유튜브를 보며, SNS로 친구들과 소통합니다.
"문해력보스"는 초등 교과와 연계된 다양한 글을 읽고,
이와 관련된 광고, 뉴스, 블로그 등 다양한 형태의 매체를 접하며 훈련합니다.
"문해력보스"는 우리 아이가 세상을 보는 힘을 길러 줍니다.

**문해력 보스는?**

**교과서독해** ①
교과와 연계한
다양한 글감을 읽고
글에 대한 문해력을
기릅니다.

**디지털독해** ②
뉴스, 블로그 등
다양한 매체를 접하며
디지털 문해력을
기릅니다.

**어휘 학습** ③
문해력의 기초가 되는
어휘를 풍부하게
익힙니다.

# 문해력보스
## 구성과 특징

교과서독해

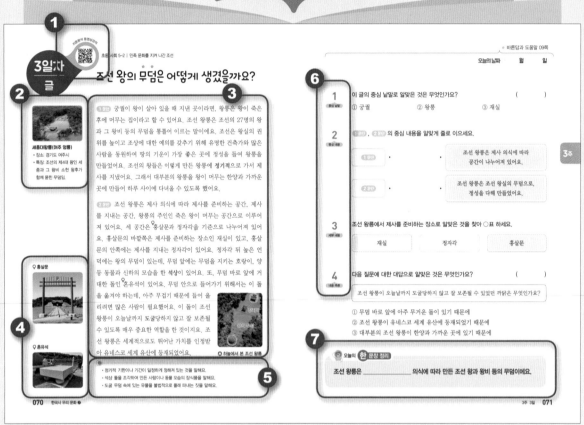

**①** **지문분석 동영상강의** 어려울 수 있는 교과서 지문을 선생님이 친절하게 설명해 줍니다.

**②** **문화유산 정보** 관련된 문화유산을 볼 수 있는 곳을 소개합니다.

**③** **교과서 지문** 초·중등 교과서에 나오는 문화유산을 알고 교과 지식을 쌓습니다.

**④** **보충 설명** 교과서 지문을 이해하는 데 참고할 배경지식을 함께 학습합니다.

**⑤** **어휘 풀이** 사전을 찾아보지 않고 바로바로 어휘의 뜻을 확인합니다.

**⑥** **문해력을 기르는 문제** 중심 낱말, 중심 내용, 세부 내용, 내용 추론, 내용 요약, 어휘 표현의 6가지 문제 유형을 골고루 풀어 보며 자연스럽게 문해력을 기릅니다.

**⑦** **오늘의 한 문장 정리** 교과서 지문에서 배운 내용을 한 문장으로 정리하는 연습을 합니다.

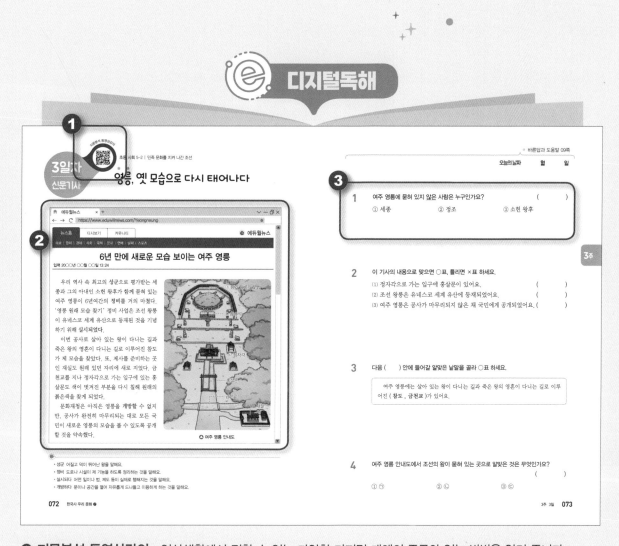

**① 지문분석 동영상강의** 일상생활에서 접할 수 있는 다양한 디지털 매체의 종류와 읽는 방법을 알려 줍니다.

**② 디지털 매체 지문** 교과서독해에서 학습한 주제를 뉴스, 블로그 등 다양한 디지털 매체 지문으로 나타냈습니다.

**③ 문해력을 기르는 문제** 디지털 매체 지문을 제대로 이해하였는지 점검하며 디지털 문해력을 기릅니다.

## 디지털 매체 지문 보기

온라인대화(위) 웹툰(아래)

안내도

블로그

온라인박물관

# 문해력보스
## 구성과특징

어휘 정리

## 어휘 정리

1~5일 지문에서 나온 중요 어휘를 정리해 보세요.

오늘의날짜     월     일

**1** 밑줄 친 낱말의 뜻을 알맞게 줄로 이으세요.

| | |
|---|---|
| 종묘는 역대 왕과 왕비에게 제사를 지냈던 <u>사당</u>이에요. | 무덤 속에 있는 유물을 불법적으로 몰래 파내는 짓 |
| 흔유석은 왕릉이 오늘날까지 <u>도굴</u>당하지 않도록 했어요. | 다른 사람 옆에서 여러 가지 심부름을 하는 일 |
| 궁궐에는 <u>시중</u>을 드는 관리도 살았어요. | 어질고 덕이 뛰어난 왕 |
| 세종은 우리 역사 속 최고의 <u>성군</u>으로 평가받아요. | 조상의 이름 등을 적은 신주를 모셔 놓은 집 |
| 측우기는 <u>강우량</u>을 측정하는 과학 기구예요. | 전에 없던 것을 처음으로 만드는 것 |
| 최만리는 훈민정음 <u>창제</u>에 반대하는 글을 올렸어요. | 일정한 기간 동안 한곳에 내린 비의 양 |

**2** 밑줄 친 낱말과 뜻이 비슷한 낱말을 〈보기〉에서 찾아 빈칸에 쓰세요.

〈보기〉

| 알다 | 위험하다 | 이끌다 | 이루어지다 | 지내다 |
|---|---|---|---|---|

(1) 영릉의 원래 모습을 찾기 위한 사업이 <u>실시되었어요</u>. _____

(2) 해시계는 그림자로 해의 위치를 <u>파악하여</u> 시간을 읽어요. _____

(3) 보신각은 <u>위급한</u> 상황을 알리는 종을 보호하는 시설이에요. _____

(4) 창덕궁은 조선의 궁궐 중 왕이 가장 오래 <u>머무른</u> 궁궐이에요. _____

(5) 최만리는 나라를 잘못 운영하면 억울한 백성이 생긴다고 했어요. _____

**3** 다음 문장의 밑줄 친 낱말을 바르게 고쳐 빈칸에 쓰세요.

(1) 세종은 뜻을 굴이지 않고 훈민정음을 만들었어요. _____

(2) 경복궁 근정전에서는 과거 시험을 <u>제한하는</u> 행사를 해요. _____

(3) 혼천의는 해와 달, 별의 움직임을 읽는 천체 관측 기구예요. _____

(4) 앙부일구는 소두껑을 뒤집어 놓은 듯한 모습을 하고 있어요. _____

(5) 한양은 사방이 산으로 둘러쌓여 외적을 방어하기에 좋았어요. _____

3주

한 주간 배운 중요 어휘를 문제를 풀어 보며 확인합니다.

- **1번**에서는 앞에서 배운 어휘의 뜻을 알맞게 연결합니다.
- **2번**에서는 뜻이 서로 비슷한 어휘를 알아봅니다.
- **3번**에서는 맞춤법에 맞는 어휘를 확인합니다.

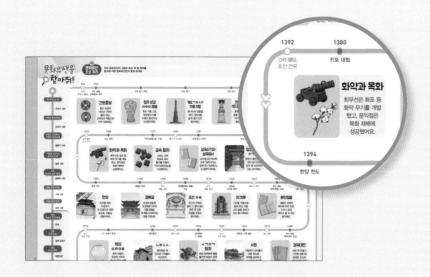

## 문화유산 초성 퀴즈 연표

연표를 따라가며 문화유산의 그림과 초성, 한 줄 정리를 통해 각 권에서 배운 중요 문화유산의 이름을 맞혀 봅니다.

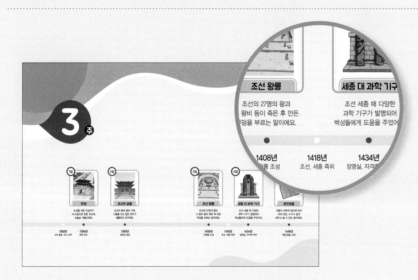

## 미리 보는 주별 학습

연표를 따라가며 해당 주에 만날 문화유산의 이름과 특징을 살펴봅니다.

## 바른답과 도움말

문제를 풀고 난 후 바른답과 도움말을 통해 혼자서도 쉽게 공부할 수 있습니다.

# 문해력보스 한국사 우리 문화 ❶, ❸권 주제 살펴보기

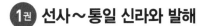

# 공부 습관을 만드는 스스로 학습 계획표

매일 공부를 마친 후, 공부한 날과 목표 달성도를 채워 보세요.

| 진도 | | 유형 | 주제 | 쪽수 | 공부한 날 | | 목표 달성도 |
|---|---|---|---|---|---|---|---|
| **1주** | 1일 | 글 | 고려 사람들은 어떤 돈을 썼을까요? | 12~15쪽 | 월 | 일 | ♡ ♡ ♡ |
| | | 웹툰 | 고려 시장에 간 역사 탐험대 | | | | |
| | 2일 | 글 | 고려의 도자기는 어떻게 만들어졌을까요? | 16~19쪽 | 월 | 일 | ♡ ♡ ♡ |
| | | 광고 | 흙으로 빚은 고려청자의 아름다움 | | | | |
| | 3일 | 글 | 고려에서 높게 쌓은 불교 건축물은 어떤 모습일까요? | 20~23쪽 | 월 | 일 | ♡ ♡ ♡ |
| | | 블로그 | 탑에게 소원을 말해 보세요 | | | | |
| | 4일 | 글 | 고려 시대 호족은 자신의 힘을 드러내기 위해 무엇을 만들었을까요? | 24~27쪽 | 월 | 일 | ♡ ♡ ♡ |
| | | 웹툰 | 파주 용미리의 큰 바위 불상 이야기 | | | | |
| | 5일 | 글 | 고려가 절 안에 만든 건물은 무엇일까요? | 28~31쪽 | 월 | 일 | ♡ ♡ ♡ |
| | | 잡지 | 긴 세월을 버텨 온 고려의 목조 건물 | | | | |
| | 특별학습 | 1주 정리 | 어휘 정리 | | | | |
| **2주** | 1일 | 글 | 고려가 다른 나라의 침입을 이겨 내기 위해 한 일은 무엇일까요? | 36~39쪽 | 월 | 일 | ♡ ♡ ♡ |
| | | 일기 | 8만여 장의 목판에 새겨진 간절한 마음 | | | | |
| | 2일 | 글 | 목판은 어떻게 잘 보존될 수 있었을까요? | 40~43쪽 | 월 | 일 | ♡ ♡ ♡ |
| | | 인터뷰 | 대장경판을 지켜 낸 장경판전의 비밀 | | | | |
| | 3일 | 글 | 고려 시대에 쓰인 대표적인 역사책은 무엇일까요? | 44~47쪽 | 월 | 일 | ♡ ♡ ♡ |
| | | 온라인대화 | 시간을 뛰어넘은 일연과 김부식의 만남 | | | | |
| | 4일 | 글 | 고려 사람들은 어떻게 책을 인쇄했을까요? | 48~51쪽 | 월 | 일 | ♡ ♡ ♡ |
| | | 백과사전 | 세계 최초의 발명, 금속 활자 | | | | |
| | 5일 | 글 | 과학 기술의 발전에 따라 변화된 고려의 모습은 어땠을까요? | 52~55쪽 | 월 | 일 | ♡ ♡ ♡ |
| | | 방송프로그램 | 고려를 변화시킨 화약과 목화 | | | | |
| | 특별학습 | 2주 정리 | 어휘 정리 | | | | |
| **3주** | 1일 | 글 | 조선의 도읍은 어디였을까요? | 62~65쪽 | 월 | 일 | ♡ ♡ ♡ |
| | | 안내도 | 유교의 나라, 조선의 도읍이었던 서울 | | | | |
| | 2일 | 글 | 조선의 왕들이 생활한 곳은 어디일까요? | 66~69쪽 | 월 | 일 | ♡ ♡ ♡ |
| | | 카드뉴스 | 오늘날 만나는 조선의 모습 | | | | |
| | 3일 | 글 | 조선 왕의 무덤은 어떻게 생겼을까요? | 70~73쪽 | 월 | 일 | ♡ ♡ ♡ |
| | | 신문기사 | 영릉, 옛 모습으로 다시 태어나다 | | | | |
| | 4일 | 글 | 조선 사람들은 어떻게 시간과 계절을 알았을까요? | 74~77쪽 | 월 | 일 | ♡ ♡ ♡ |
| | | 온라인박물관 | 시대를 앞서간 조선의 알람 시계 | | | | |
| | 5일 | 글 | 한글은 어떻게 만들어졌을까요? | 78~81쪽 | 월 | 일 | ♡ ♡ ♡ |
| | | SNS | 거센 반대의 소리를 뚫고 나온 훈민정음 | | | | |
| | 특별학습 | 3주 정리 | 어휘 정리 | | | | |
| **4주** | 1일 | 글 | 조선을 다스리는 기준이 된 법은 무엇일까요? | 86~89쪽 | 월 | 일 | ♡ ♡ ♡ |
| | | 동영상 | 유교가 바탕이 된 경국대전 | | | | |
| | 2일 | 글 | 조선의 학생들이 공부한 곳은 어디일까요? | 90~93쪽 | 월 | 일 | ♡ ♡ ♡ |
| | | 안내문 | 영주 소수 서원 입학을 축하합니다 | | | | |
| | 3일 | 글 | 임진왜란을 승리로 이끈 조선의 무기는 무엇일까요? | 94~97쪽 | 월 | 일 | ♡ ♡ ♡ |
| | | 백과사전 | 집중 조명! 조선의 새로운 무기 | | | | |
| | 4일 | 글 | 청나라의 침입에 맞서 조선이 저항한 곳은 어디일까요? | 98~101쪽 | 월 | 일 | ♡ ♡ ♡ |
| | | 안내도 | 한양을 지키는 방패, 남한산성 | | | | |
| | 5일 | 글 | 조선 시대의 그릇은 어떻게 생겼을까요? | 102~105쪽 | 월 | 일 | ♡ ♡ ♡ |
| | | 온라인박물관 | 조선 도자기의 아름다움 | | | | |
| | 특별학습 | 4주 정리 | 어휘 정리 | | | | |

# 1 주

1일

## 고려의 화폐

고려는 건원중보, 해동통보,
삼한통보, 은병 등의
금속 화폐를 만들었어요.

2일

## 고려청자

신비한 푸른빛의 아름다움이
돋보이는 고려의
대표적인 예술품이에요.

**996년**
건원중보 주조

연표를 따라가며 **1주차**에 만날 문화유산의
**이름과 특징**을 살펴보세요.

**3일**

### 고려의 탑

고려는 3층 탑뿐만 아니라
층이 더 높은 탑도
만들었어요.

**4일**

### 고려의 불상

고려 초 왕실과 호족은
자신의 힘을 자랑하기 위해
커다란 불상을 만들었어요.

**5일**

### 고려의 목조 건물

우리나라에 남아 있는
가장 오래된 목조 건물이
고려 시대에 지어졌어요.

**14세기**
영주 부석사 무량수전 중건

# 1일차 글

# 고려 사람들은 어떤 돈을 썼을까요?

**한국은행 화폐 박물관**
- 위치: 서울특별시 중구
- 특징: 고려 시대의 건원중보, 은병 등과 함께 우리나라의 화폐 역사를 살펴볼 수 있음.

**1문단** 고려 사람들은 원래 물건을 사고팔 때 곡식, 옷감 등을 주고받는 물물 교환을 했어요. 그런데 곡식이나 옷감은 가지고 다니거나 보관하기가 불편했어요. 그래서 고려는 청동, 구리 등으로 작게 만든 금속 화폐를 **발행하기** 시작했어요. 고려 성종 때는 철이나 구리로 만든 화폐인 건원중보를 만들었어요. 건원중보는 동그랗게 생겨서 가운데 네모난 구멍이 뚫려 있는 모양이었어요. 건원중보는 우리나라에서 가장 처음 만든 금속 화폐로 알려져 있어요.

**2문단** 이후 고려 숙종 때는 승려 의천의 건의로 세운 주전도감이라는 **관청**에서 화폐를 만들었지요. 이곳에서 해동통보, 삼한통보, 해동중보와 같은 동전이 만들어졌어요. 또한 은 1근으로 우리나라 지형을 본떠 만든 은병도 만들었어요. 고려는 화폐 사용을 **장려하기** 위해 관리와 군인들에게 화폐를 나눠 주고 상점에서 쓰게 했어요.

**3문단** 그러나 고려의 노력에도 금속 화폐는 널리 사용되지 못했어요. 왜냐하면 당시 백성들은 대부분 농민이어서 화폐가 필요하다고 생각하지 않았기 때문이에요. 차나 음식을 파는 일부 상점에서만 금속 화폐를 사용하고, 대부분은 여전히 곡식이나 옷감 등을 주고받는 물물 교환을 했답니다.

**○ 건원중보**
건원중보 앞면에는 '건원'이라는 글자가 새겨져 있고, 뒷면에는 '동국'이라는 글자가 새겨져 있어요. '동국'은 동쪽에 있는 나라를 뜻하는데, 이를 통해 우리나라에서 화폐를 만든 사실을 알 수 있어요.

△ 건원중보

△ 해동통보

△ 삼한통보

△ 은병

- 발행하다 화폐, 증명서 등을 만들어 세상에 내놓아 널리 쓰도록 하는 것을 말해요.
- 관청 국가의 여러 가지 일을 수행하는 국가 기관이에요.
- 장려하다 좋은 일에 힘쓰도록 북돋아 주는 것을 말해요.

오늘의 날짜 　　월　　일

**1**
중심 낱말

이 글의 중심 낱말로 알맞은 것은 무엇인가요? 　　　( 　　　 )

① 무역　　　　　　② 화폐　　　　　　③ 물물 교환

**2**
중심 내용

1문단 , 2문단 , 3문단 의 중심 내용을 알맞게 줄로 이으세요.

 ·

· 고려 숙종 때는 화폐를 만드는 관청을 세우고 다양한 화폐를 만들었어요.

 ·

· 고려는 처음으로 건원중보라는 금속 화폐를 만들었어요.

 ·

· 고려가 만든 금속 화폐는 널리 사용되지 못했어요.

**3**
어휘 표현

다음 ( 　　 ) 안에 들어갈 알맞은 낱말을 골라 ○표 하세요.

고려는 승려 의천의 건의로 화폐를 만드는 ( 주전도감 , 화통도감 )을 세웠어요.

**4**
내용 추론

고려 시대에 금속 화폐가 널리 사용되지 <u>못한</u> 까닭은 무엇인가요? 　　( 　　　 )

① 왕과 관리들만 화폐를 사용할 수 있었기 때문에
② 나라에서 백성들에게 화폐에 대해 알리지 않았기 때문에
③ 당시 백성들이 화폐가 필요하다고 생각하지 않았기 때문에

😊 오늘의 **한** 문장 정리

고려는 건원중보, 해동통보, 은병과 같은 금속 ＿＿＿＿＿＿＿ 를 만들었어요.

# 고려 시장에 간 역사 탐험대

• **명물** 어떤 지역에서 유명하거나 특별히 생산되는 물건을 말해요.

오늘의날짜          월          일

**1** 이 웹툰에 나오지 <u>않은</u> 금속 화폐는 무엇인가요?          (          )

① 은병                    ② 건원중보                    ③ 해동통보


**2** 이 웹툰의 내용으로 알맞지 <u>않은</u> 것은 무엇인가요?          (          )

① 고려 시대에는 인삼과 청자가 유명했어요.

② 고려의 금속 화폐에는 한글이 쓰여 있었어요.

③ 역사 탐험대 아이들은 시장에 쌀과 금속 화폐를 가지고 왔어요.


**3** 다음 빈칸에 들어갈 알맞은 낱말을 이 웹툰에서 찾아 쓰세요.

> 고려의 제15대 왕 _____ 은/는 금속으로 만든 화폐인 해동통보,
> 삼한통보, 은병 등을 만들었어요.


**4** 고려에서 가장 처음으로 만들어진 금속 화폐는 무엇인가요?          (          )

①

 건원중보

②

 상평통보

③

해동통보

지문분석 동영상강의

# 2일차
## 글

# ★★★★ 고려의 도자기는 어떻게 만들어졌을까요?

**고려청자 박물관**
- 위치: 전라남도 강진군
- 특징: 고려청자를 만드는 방법, 고려청자의 쓰임과 변화 과정을 살펴볼 수 있음.

📍 **상감 청자를 만드는 방법**

**1** 표면에 그림을 그려요.

**2** 흰색과 붉은색의 흙을 차례대로 바른 후 긁어내요.

**3** 그늘에서 말린 후 구워요.

**4** 유약을 발라 한 번 더 구워요.

**1 문단** "고려의 비색(푸른빛)은 **천하제일**이로다." 이 말은 중국 송나라의 **사신**이 고려청자를 보고 한 말이에요. 고려청자는 신비한 푸른빛의 아름다움으로 세계적으로 높은 가치를 인정받는 고려 시대의 예술품이에요. 고려청자는 우리 조상들의 기술을 바탕으로 중국 송나라의 기술을 더해 발전했어요. 고려 사람들은 고려청자를 만들기 어렵기 때문에 가치가 높은 귀한 물건이라고 생각했어요.

**2 문단** 고려 사람들은 **독창적**인 상감 기법을 이용한 상감 청자를 만들었어요. 상감 기법은 그릇의 표면에 그림을 그려 파낸 후 흰색과 붉은색의 흙을 바르고 긁어내어 무늬를 만드는 것을 말해요. 주로 학과 구름, 모란꽃, 국화 그림을 그려 넣었어요. 고려청자에 어떤 그림이 새겨져 있는지는 고려청자의 이름을 보면 알 수 있어요.

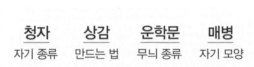

| 청자 | 상감 | 운학문 | 매병 |
|---|---|---|---|
| 자기 종류 | 만드는 법 | 무늬 종류 | 자기 모양 |

🔺 **청자 상감 운학문 매병**

**3 문단** 고려청자는 다양한 생활용품으로 만들어졌어요. 높은 가치를 **지녔기** 때문에 주로 귀족들이 사용했지요. 고려청자는 찻잔, 접시, 항아리, 주전자뿐만 아니라 베개, 기와, 의자, 향로 등 귀족들이 사용하는 생활용품의 대부분을 차지했어요.

- **천하제일** 세상에 어떤 것과도 비교할 만한 것이 없이 최고라는 말이에요.
- **사신** 왕이나 국가의 명령을 받고 외국에 가는 신하를 말해요.
- **독창적** 다른 것을 흉내 내지 않고 새로운 것을 만들어 내거나 생각해 내는 것을 말해요.
- **지니다** 성품이나 습관 등을 바탕으로 가지고 있는 것을 말해요.

**1** 이 글의 중심 낱말로 알맞은 것은 무엇인가요?                    (          )

중심 낱말

① 백자                    ② 고려청자                    ③ 분청사기


**2** 1문단, 2문단, 3문단 의 중심 내용을 알맞게 줄로 이으세요.

중심 내용

1 문단   ·                         ·   고려는 상감 기법을 이용한
                                     상감 청자를 만들었어요.

2 문단   ·                         ·   고려청자는 다양한
                                     생활용품으로 만들어졌어요.

3 문단   ·                         ·   고려청자는 높은 가치를
                                     인정받는 예술품이에요.


**3** 이 글의 내용으로 알맞은 것은 무엇인가요?                    (          )

세부 내용

① 고려청자는 귀해서 생활용품으로 만들지 않았어요.
② 고려청자는 신비한 푸른빛의 아름다움을 지녔어요.
③ 고려청자의 이름에는 고려청자의 가격이 나타나 있어요.


**4** 다음 빈칸에 들어갈 알맞은 낱말을 이 글에서 찾아 쓰세요.

어휘 표현

_____ 기법은 그릇의 표면에 그림을 그려 파낸 후 흰색과 붉은
색의 흙을 바르고 긁어내어 무늬를 만드는 것을 말해요.


🫖 오늘의 **한** 문장 정리

**고려 사람들은 뛰어난 예술적 가치를 지닌 고려 _____ 를 만들었어요.**

# 2일차
## 광고

지문분석 동영상강의

# 흙으로 빚은 고려청자의 아름다움

### 우아한 무늬와 푸른 빛깔의 아름다움
# 고려청자 특별전

**고려청자의 대표, 청자 상감 운학문 매병**

## 우아한 무늬

구름 '운(雲)', 학 '학(鶴)', 무늬 '문(文)' 자를 써서 '운학문'이라고 부릅니다. 그림의 선을 따라 파낸 후 흙을 바르고 긁어내어 무늬를 만드는 상감 기법을 이용하여 학들이 구름 위를 둥둥 떠다니는 모습을 우아하게 표현했습니다.

## 푸른 빛깔

고려청자의 푸른빛은 보통의 흙으로 빚은 그릇을 가마에 구울 때 일어나는 화학 작용으로 탄생합니다. 송나라 사신도 **극찬한** 이 푸른빛이 고려청자의 아름다움을 더욱 빛나게 합니다.

➕ 다른 종류의 고려청자도 볼 수 있습니다.

청자 상감 모란문 표주박모양 주전자

청자 상감 모란국화문 참외모양 병

\* 이 전시는 20○○년 ○○월까지 관람 가능합니다.

• 극찬하다 매우 칭찬하는 것을 말해요.

**1** 이 광고에서 소개하는 고려청자의 색깔로 알맞은 것은 무엇인가요?        (          )

① 노란빛                    ② 보랏빛                    ③ 푸른빛


**2** 이 광고의 내용으로 맞으면 ○표, 틀리면 ×표 하세요.

(1) '운학문'의 '운(雲)'은 구름을 뜻해요.                              (          )

(2) 청자 상감 운학문 매병은 상감 기법으로 만들어졌어요.        (          )

(3) 고려청자를 만들 때 쓰는 흙은 처음부터 푸른빛을 띠어요.    (          )


**3** 이 광고의 고려청자에 그려진 무늬로 알맞지 <u>않은</u> 것을 찾아 ○표 하세요.

| 학 | 구름 | 호랑이 |


**4** 이 광고에 나온 고려청자가 <u>아닌</u> 것은 무엇인가요?        (          )

①
🔺 백자 달항아리

②
🔺 청자 상감 모란국화문
참외모양 병

③
🔺 청자 상감 모란문
표주박모양 주전자

# 3일차 글

## 고려에서 높게 쌓은 불교 건축물은 어떤 모습일까요?

**평창 월정사**
- 위치: 강원도 평창군
- 특징: 평창 월정사 8각 9층 석탑을 볼 수 있음.

📍 고려 시대의 층이 높은 탑

🔺 평창 월정사 8각 9층 석탑

🔺 개성 경천사지 10층 석탑

**1문단** 고려에서는 불교가 나라의 지원과 보호를 받으면서 크게 발전했어요. 그래서 전국에 절과 탑이 많이 만들어졌어요. 통일 신라는 주로 3층으로 낮게 쌓은 탑을 만들었는데, 고려는 3층 탑뿐 아니라 7층 탑, 9층 탑 등 층이 더 높은 탑도 만들었어요. 대표적으로 개성 현화사 7층 **석탑**, 평창 월정사 8각 9층 석탑이 있어요. 현화사 7층 석탑의 1층 돌에는 부처님과 어린 소년들의 모습이 새겨져 있는데, 마치 소년들이 부처님의 말씀을 듣고 있는 모습 같아서 생동감을 느낄 수 있어요. 고려 초기를 대표하는 석탑인 월정사 8각 9층 석탑은 **층층이** 쌓인 돌의 모양이 일반적인 사각형이 아닌 팔각형인 것이 큰 특징이에요.

**2문단** 고려에 7층 탑, 9층 탑과 같이 홀수 층으로 된 탑만 세워진 것은 아니에요. 고려는 몽골과의 전쟁 이후 몽골이 세운 나라인 원나라의 **간섭**을 받았어요. 이때 고려에서는 원나라의 옷, 음식, 머리 모양 등이 **유행했고**, 고려 사람 중에서는 원나라에 가서 **출세한** 사람도 많았어요. 이렇게 출세한 사람들이 원나라 황제의 건강과 복을 빌기 위해 만든 탑이 개성 경천사지 10층 석탑이에요. 당시 원나라는 대리석에 화려한 모양을 새긴 8층 탑, 10층 탑을 많이 만들었는데, 경천사지 10층 석탑도 이에 영향을 받아 만든 것이지요. 이 탑은 한때 일본에 빼앗겼다가 현재는 국립 중앙 박물관에 보관되어 있어요.

- **석탑** 돌로 된 재료를 이용하여 쌓은 탑을 말해요.
- **층층이** 여러 층으로 겹겹이 쌓인 모양을 말해요.
- **간섭** 남의 일에 참견하는 것을 말해요.
- **유행하다** 어떤 것이 사람들에게 인기를 얻어 사회 전체에 널리 퍼지는 것을 말해요.
- **출세하다** 사회적으로 높은 지위에 오르거나 유명하게 되는 것을 말해요.

오늘의날짜        월        일

**1** 이 글의 중심 낱말로 알맞은 것은 무엇인가요?                    (        )

중심 낱말

① 절                    ② 탑                    ③ 불상

**2** , 2문단 의 중심 내용을 알맞게 줄로 이으세요.

중심 내용

1문단  ·

·  고려는 3층 탑뿐만 아니라 층이 더 높은 탑도 만들었어요.

2문단  ·

·  경천사지 10층 석탑은 원나라의 영향을 받아 만들어졌어요.

**3** 이 글의 내용으로 알맞은 것은 무엇인가요?                    (        )

세부 내용

① 통일 신라는 주로 7층으로 쌓은 탑을 만들었어요.

② 경천사지 10층 석탑은 현재 일본에 보관되어 있어요.

③ 고려에서 불교는 나라의 지원과 보호를 받으며 발전했어요.

**4** 이 글의 내용을 요약했어요. (        ) 안에 들어갈 알맞은 낱말을 이 글에서 찾아 쓰세요.

내용 요약

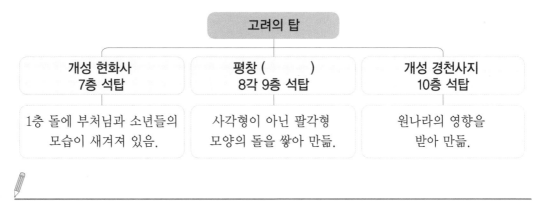

고려의 탑

| 개성 현화사 7층 석탑 | 평창 (        ) 8각 9층 석탑 | 개성 경천사지 10층 석탑 |
|---|---|---|
| 1층 돌에 부처님과 소년들의 모습이 새겨져 있음. | 사각형이 아닌 팔각형 모양의 돌을 쌓아 만듦. | 원나라의 영향을 받아 만듦. |

 오늘의 **한** 문장 정리

고려에서는 _____ 가 크게 발전하면서 전국에 절과 탑이 많이 만들어졌어요.

# 3일차 블로그

지문분석 동영상강의

## 탑에게 소원을 말해 보세요

---

🏠 월정사 블로그 ✕ ∨ — ⬜ ✕

← → C https://blog.goryeo.com/Woljeong ☆

내 블로그 | 이웃 블로그 | 블로그 홈 | [로그인]

### 월정이

월정사 블로그를 지키는 오대산 월정이입니다. 월 정사에 대한 모든 것을 알 려 드려요.

**목록**

📄 전체 보기(32)

📄 월정사 소개(2)

📄 오시는길(1)

📄 알립니다(1)

📄 행사 안내(5) ⓝ

📄 월간 월정사(23)

└.🖼️ 월정사 갤러리

**활동 정보** ▲

블로그 이웃 212명
글 보내기 72회

### '월정사 탑돌이' 행사 안내

 월정이 20○○년 ○○월 ○○일 09:30 URL 복사

　오늘은 처음으로 보름달이 뜨는 정월 대보름에 열리는 '월정사 **탑돌이**' 행사 소식을 가져왔어요. 이번 정월 대보름에는 부럼 깨기나 쥐불놀이 대신 탑돌이를 해 보면 어떨까요? 탑돌이는 일제 강점기와 6·25 전쟁 때도 끊이지 않고 전해 **내려오는** 불교 의식이자 우리나라 전통 민속놀이예요. 월정사 탑돌이는 형태가 없는 무형 문화유산으로 지정되었답니다. 스님과 함께 월정사 8각 9층 석탑 주변을 돌면서 소원을 빌어 보세요.

　해설사 선생님과 함께 월정사 8각 9층 석탑에 대해 알아보는 시간도 마련했어요. 해설 시간에 있을 깜짝 퀴즈의 정답을 미리 알려 드려요.

- **탑의 높이는?** 15.2m
- **돌의 모양은?** 팔각형
- **탑의 앞에 있는 보살상의 의미는?** 두 손을 모으고 기원하는 모습이 **중생**의 마음을 담고 있음. **간절한** 소망을 가진 사람이라면 누구든 탑을 향해 기도를 올리고 탑돌이를 할 수 있음을 나타냄.

---

- **탑돌이** 밤새도록 탑을 돌며 부처님의 공과 덕을 기리고 자신의 소원을 비는 행사예요.
- **내려오다** 과거로부터 지금까지 전해 오는 것을 말해요.
- **중생** 불교에서 쓰는 말로, 모든 살아 있는 무리를 말해요.
- **간절하다** 마음속에서 우러나와 바라는 정도가 매우 강하다는 뜻이에요.

**1** 다음 ( ) 안에 들어갈 알맞은 말을 골라 ○표 하세요.

> ( 정월 대보름 , 부처님 오신 날 )은 한 해 중 처음으로 보름달이 뜨는 날로, 음력 1월 15일에 지내는 명절이에요. 복을 빌며 부럼 깨기, 쥐불놀이 등을 즐겨요.

**2** 월정사 탑돌이에 대한 내용으로 알맞지 <u>않은</u> 것은 무엇인가요?　　　( 　　 )

① 형태가 없는 문화유산이에요.

② 일제 강점기에도 있었던 행사예요.

③ 탑돌이를 할 때 탑 주변은 스님만 돌 수 있어요.

**3** 평창 월정사 8각 9층 석탑에 대한 내용으로 맞으면 ○표, 틀리면 ×표 하세요.

⑴ 탑의 높이는 10m가 안 돼요. 　　　　　　　　　　　　　( 　　 )

⑵ 쌓은 돌의 모양은 사각형이에요. 　　　　　　　　　　　( 　　 )

⑶ 탑의 앞에 있는 보살상은 두 손을 모으고 있어요. 　　　( 　　 )

**4** 다음 빈칸에 들어갈 알맞은 낱말을 이 블로그에서 찾아 쓰세요.

> **보름달이 뜨면 '월정사 탑돌이' 하러 오세요!**
>
> 　탑돌이는 일제 강점기와 6·25 전쟁 때도 끊이지 않고 전해 내려오는 불교 의식이자 우리나라 전통 ＿＿＿＿＿＿＿＿ 입니다. 오대산 월정사에서 다 함께 탑돌이를 하며 소원을 빌어 볼까요?
>
> • **날짜**: 20○○년 ○○월 ○○일 정월 대보름
> • **장소**: 강원도 평창군 월정사

# 4일차 글

지문분석 동영상강의

# 고려 시대 호족은 자신의 힘을 드러내기 위해 무엇을 만들었을까요?

**논산 관촉사**
· 위치: 충청남도 논산시
· 특징: 우리나라에서 가장 큰 석조 불상인 논산 관촉사 석조 미륵보살 입상을 볼 수 있음.

**1 문단** 고려는 불교가 발전한 나라여서 불상과 탑을 많이 만들었어요. 고려 **왕실**에서는 백성들이 나라에 대한 믿음과 존경심을 가지도록 하기 위해 불상을 세웠어요. 지방에 있는 **세력**도 전국 곳곳에 불상을 만들었어요. 이 지방 세력이 바로 신라 말에 왕의 힘이 약해지면서 등장한 **호족**이에요. 호족은 불상을 세워 자신들이 사는 지역 사람들의 마음을 모으고자 했어요.

**2 문단** 호족은 불상의 크기가 자신의 힘의 크기와 같다고 생각했어요. 그래서 힘을 자랑하기 위해 커다란 불상을 만들었지요. 이러한 특징은 논산 관촉사 석조 미륵보살 입상과 파주 용미리 마애이불 입상에 잘 나타나 있어요. 관촉사 석조 미륵보살 입상은 높이가 18m에 이르고, 귀의 길이만 해도 약 2m예요. 얼굴이 몸의 거의 절반을 차지할 정도로 엄청난 크기를 자랑하지요. 파주 용미리 마애이불 입상은 약 17m 높이의 바위를 몸으로 삼아 그 위에 커다란 머리 2개를 따로 올려 만들었어요. 이 밖에 안동 이천동 마애여래 입상도 10m가 넘는 커다란 몸집을 가졌어요. 세 불상 모두 크기가 크고, **대체로** 머리 부분이 큰 것이 공통점이에요.

⬤ 논산 관촉사 석조 미륵보살 입상

📍 **고려 시대의 커다란 불상**

⬤ 파주 용미리 마애이불 입상

⬤ 안동 이천동 마애여래 입상

· 왕실 왕의 집안을 말해요.
· 세력 어떤 속성이나 힘을 가진 집단을 말해요.
· 호족 고려를 세우는 데 힘쓴 지방 세력으로, 자신이 사는 지역을 다스렸어요.
· 대체로 전체적으로 또는 일반적으로와 같은 말이에요.

오늘의 날짜          월          일

**1** 이 글의 중심 낱말로 알맞은 것은 무엇인가요?                    (          )

중심 낱말

① 절                    ② 탑                    ③ 불상

**2** 1문단 , 2문단 의 중심 내용을 알맞게 줄로 이으세요.

중심 내용

1문단      ·                    ·    호족은 자신의 힘을 자랑하기 위해
                                      커다란 불상을 만들었어요.

2문단      ·                    ·    고려 왕실과 지방 세력인 호족은
                                      전국 곳곳에 불상을 만들었어요.

**3** 다음 빈칸에 들어갈 알맞은 낱말을 이 글에서 찾아 쓰세요.

어휘 표현

_____ 은/는 신라 말에 왕의 힘이 약해지면서 등장한 지방 세력
이에요.

**4** 이 글의 내용으로 알맞지 <u>않은</u> 것은 무엇인가요?                    (          )

세부 내용

① 고려는 불교가 발전한 나라였어요.
② 파주 용미리 마애이불 입상은 머리가 3개예요.
③ 호족은 불상의 크기를 자신의 힘의 크기라고 생각했어요.

😎 오늘의 **한** 문장 정리

**고려 시대 호족은 자신의 힘을 드러내기 위해 _____ 을 크게 만들었어요.**

# 4일차

웹툰

# 파주 용미리의 큰 바위 불상 이야기

**궁주**, **간밤**에 안 좋은 꿈이라도 꾸었느냐?

어젯밤 꿈에 스님 2명이 나타나서 자신들이 장지산의 바위 틈에 사는데, 배가 고프니 먹을 것을 달라고 했어요. 정말 생생한 꿈이었어요….

그것 참 이상한 꿈이로구나. 사람을 보내 알아봐야겠다.

얼마 후…….

폐하! 장지산에 가 보니 궁주님의 꿈에서처럼 2개의 커다란 바위가 있었습니다.

곧장 그 바위에 스님 2명의 불상을 새기거라. 부처님께 **불공**을 드려 소원을 이룰 것이다.

이 이야기는 고려 시대에 만들어진 파주 용미리 마애이불 입상과 관련하여 전해 오는 이야기예요. 이 불상은 거대한 바위를 몸으로 삼고 머리를 따로 올려 만들었지요. 고려 왕실이나, 지방 세력이었던 호족은 사람들의 마음을 모으고 자신의 힘을 드러내기 위해 불상을 커다랗게 만들었어요.

- **궁주** 고려 시대에 왕비, 왕의 후궁, 공주를 부르던 호칭이에요.
- **간밤** 바로 어젯밤을 말해요.
- **불공** 부처님에게 꽃이나 음식을 바치고 절하는 일을 말해요.

**1** 이 웹툰의 제목을 지을 때 (          ) 안에 들어갈 알맞은 말은 무엇인가요? (          )

> (                    )
> 파주 용미리 마애이불 입상

① 화폐를 만드는

② 외적을 물리치는

③ 소원을 들어주는

**2** 다음 빈칸에 들어갈 알맞은 낱말을 〈보기〉에서 찾아 쓰세요.

〈보기〉

중앙

지방

해외

**호족**

• 신라 말에 나타나 자신이 사는 지역을 다스린

　　　　　　　 세력임.

• 힘을 드러내기 위해 불상을 커다랗게 만듦.

**3** 이 웹툰의 내용으로 맞으면 ○표, 틀리면 ×표 하세요.

⑴ 궁주는 꿈속에서 부처님을 만났어요.                    (          )

⑵ 장지산에는 2개의 거대한 바위가 있었어요.              (          )

⑶ 파주 용미리 마애이불 입상은 스님 2명을 새긴 불상이에요.  (          )

**4** 다음 불상과 파주 용미리 마애이불 입상의 공통점은 무엇인가요?          (          )

• **이름**: 안동 이천동 마애여래 입상

• **시대**: 고려 시대

• **특징**: 바위에 불상의 몸을 새기고 머리는 따로 만들어 올려놓음.

① 스님이 꿈을 꾸고 만들었어요.

② 자연에 있는 바위를 불상의 몸으로 삼았어요.

③ 불상의 크기는 부처님의 힘의 크기를 나타내요.

# 5일차 글

지문분석 동영상강의

# 고려가 절 안에 만든 건물은 무엇일까요?

**영주 부석사**
• 위치: 경상북도 영주시
• 특징: 고려를 대표하는 목조 건물인 무량수전을 볼 수 있음.

📍 **고려 시대의 대표적인 목조 건물**

🔺 안동 봉정사 극락전

🔺 예산 수덕사 대웅전

📍 **다포 양식**

🔺 북한 사리원 성불사 응진전의 **공포** 고려 후기에 많이 쓰인 양식이에요.

**1문단** 우리나라에 남아 있는 가장 오래된 **목조 건물**은 고려 시대에 만들어진 것이에요. 나무는 빨리 낡고 불에 타기 쉬워서 오랫동안 잘 유지하기가 어려워요. 그래서 오랜 세월을 버텨 온 고려의 목조 건물은 더욱 소중한 문화유산이라고 할 수 있어요. 고려의 대표적인 목조 건물로는 안동 봉정사 극락전, 영주 부석사 무량수전, 예산 수덕사 대웅전이 있어요. 이 가운데에서도 봉정사 극락전이 가장 오래되었다고 알려져 있어요.

**2문단** 봉정사 극락전과 부석사 무량수전에는 우리나라 전통 건축의 특성이 잘 나타나 있어요. 먼저 두 건물 모두 중간이 굵고 위아래로 갈수록 가늘어지는 **배흘림기둥**으로 만들었어요. 기둥을 수직으로 바르게 세우면 중간 부분이 좁아 보이는 착시 현상이 일어나기 때문이에요. 그리고 지붕의 **추녀** 곡선, 주심포 양식으로도 유명해요. 주심포 양식은 처마의 머리를 받쳐 주는 나무 장식인 공포를 **기둥머리** 위에만 놓는 방법이에요. 기둥머리뿐만 아니라 기둥과 기둥 사이에도 공포를 놓는 방법인 다포 양식이 화려한 느낌을 준다면, 주심포 양식은 단정한 느낌을 주지요. 고려의 목조 건물은 화려한 장식은 많지 않지만 단정하고 균형 잡힌 아름다움을 보여 줘요.

🔺 주심포 양식

• **목조 건물** 나무로 만든 건물을 말해요.
• **배흘림기둥** 기둥 중간 부분의 배가 약간 부르도록 한 것이에요.
• **추녀** 네모지고 끝이 번쩍 들린, 처마의 네 귀퉁이에 있는 큰 서까래를 말해요.
• **기둥머리** 기둥의 맨 윗부분을 말해요.

오늘의 날짜          월          일

**1**
중심 낱말

이 글의 중심 낱말로 알맞은 것은 무엇인가요?          (          )

① 궁궐                    ② 목조 건물                    ③ 석조 건물

**2**
중심 내용

 ,  의 중심 내용을 알맞게 줄로 이으세요.

1 문단 ·

· 고려의 목조 건물에는 우리나라 전통 건축의 특성이 잘 나타나 있어요.

2 문단 ·

· 우리나라에 남아 있는 가장 오래된 목조 건물은 고려 시대에 만들어졌어요.

**3**
세부 내용

다음 (          ) 안에 들어갈 알맞은 말을 골라 ○표 하세요.

( 안동 봉정사 극락전 , 영주 부석사 무량수전 )은 고려 시대의 목조 건물 중에서도 가장 오래되었다고 알려진 건물로, 배흘림기둥과 추녀 곡선, 주심포 양식의 특징을 갖고 있어요.

**4**
내용 추론

다음 질문에 대한 대답으로 알맞은 것을 찾아 ○표 하세요.

주심포 양식이 다포 양식에 비해 단정한 느낌을 주는 까닭은 무엇인가요?

공포가 기둥의 윗부분에만 놓여서

공포가 기둥과 기둥 사이에 놓여서

🐵 오늘의 **한** 문장 정리

우리나라에서 가장 오래된 ＿＿＿＿＿＿＿＿ 건물은 고려 시대에 만들어졌어요.

## 5일차 잡지

지문분석 동영상강의

# 긴 세월을 버텨 온 고려의 목조 건물

FEATURE

# 경상북도 목조 건물 여행
## 알면 더 즐거워진다!

우리나라의 오랜 전통과 역사가 있는 지역을 여행하고 싶다면 경상북도만한 곳도 없다. 우리나라에 남아 있는 가장 오래된 목조 건물도 만날 수 있다. 이번 호에서는 경상북도에 남아 있는 목조 건물을 알아본다.

에디터 | 진이

① 영주
② 안동

---

### ① 영주 부석사 무량수전

◆ 신라 문무왕 때 짓고 고려 공민왕 때 불에 타 고려 우왕 때 다시 지은 **사찰** 건물이다.

◆ **극락정토**를 나타내는 불상을 모시고 있다.

### ② 안동 봉정사 극락전

◆ 고려 공민왕 때 지붕을 수리했다는 기록이 있어 우리나라에서 가장 오래된 목조 건물로 알려져 있다.

◆ 우리나라 사찰 건축의 역사에서 매우 중요한 건물이다.

### 어떻게 지어졌을까?

두 건물 모두 주심포 양식으로 지어졌다. 주심포 양식은 지붕의 처마를 받치는 나무 장식인 공포를 기둥 위에만 놓는 방법이다.

원통   민흘림   배흘림

두 건물 모두 배흘림기둥이 사용되었다. 흘림이 없는 원통 기둥은 작은 건물에, 흘림이 있는 민흘림기둥과 배흘림기둥은 큰 건물에 사용한다.

---

• **사찰** 스님들이 불상을 모시고 불교를 가르치고 배우며 도를 닦는 곳으로, 절과 같은 말이에요.

• **극락정토** 아미타불이 살고 있는 편안하고 걱정이 없는 부처님의 세계를 말해요.

• **흘림** 기둥의 굵기를 밑에서 위로 조금씩 달라지게 하는 것을 말해요.

**오늘의날짜**     **월**     **일**

**1** 이 잡지에서 소개하는 문화유산의 종류로 알맞은 것을 찾아 ○표 하세요.

| 궁궐 | 사찰 | 서원 |
|---|---|---|

**2** 이 잡지의 내용으로 알맞지 <u>않은</u> 것은 무엇인가요?          (          )

① 부석사 무량수전은 불상을 모시고 있어요.

② 부석사 무량수전은 고려 공민왕 때 다시 지었어요.

③ 봉정사 극락전은 우리나라에서 가장 오래된 목조 건물로 알려져 있어요.

**3** 다음 빈칸에 들어갈 알맞은 낱말을 이 잡지에서 찾아 쓰세요.

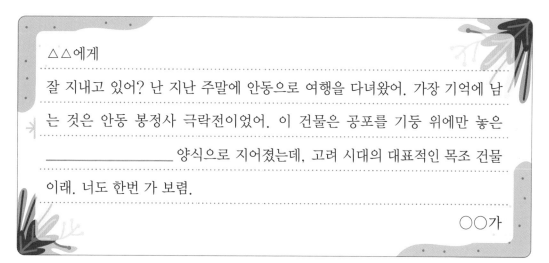

△△에게

잘 지내고 있어? 난 지난 주말에 안동으로 여행을 다녀왔어. 가장 기억에 남

는 것은 안동 봉정사 극락전이었어. 이 건물은 공포를 기둥 위에만 놓은

_____ 양식으로 지어졌는데, 고려 시대의 대표적인 목조 건물

이래. 너도 한번 가 보렴.

○○가

**4** 안동 봉정사 극락전의 기둥 모양으로 알맞은 것은 무엇인가요?          (          )

①

🔺 원통 기둥

②

🔺 민흘림기둥

③

🔺 배흘림기둥

**1** 밑줄 친 낱말의 뜻을 알맞게 줄로 이으세요.

고려는 금속 화폐를 <u>발행하기</u> 시작했어요. ·

· 성품이나 습관 등을 바탕으로 가지고 있다.

고려는 백성들에게 화폐 사용을 <u>장려했어요.</u> ·

· 고려를 세우는 데 힘쓴 지방 세력

인삼과 청자는 고려의 <u>명물</u>이었어요. ·

· 어떤 것을 세상에 내놓아 널리 쓰도록 하다.

고려청자는 높은 가치를 <u>지녀</u> 주로 귀족들이 썼어요. ·

· 좋은 일에 힘쓰도록 북돋아 주다.

신라 말에 등장한 <u>호족</u>은 전국에 커다란 불상을 만들었어요. ·

· 스님들이 불교를 가르치고 배우며 도를 닦는 곳

배흘림기둥은 궁궐, <u>사찰</u> 같은 큰 건물에 사용되었어요. ·

· 어떤 지역에서 유명하거나 특별히 생산되는 물건

**2** 밑줄 친 낱말과 뜻이 비슷한 낱말을 〈보기〉에서 찾아 빈칸에 쓰세요.

〈보기〉

| 간절하다 | 내려오다 | 되다 | 잘되다 | 퍼지다 |

(1) 건원중보는 철이나 구리로 이루어진 금속 화폐예요.　　　　　　　　＿＿＿＿＿＿
어떤 상태나 결과가 생기거나 만들어지다.

(2) 몽골과의 전쟁 이후 고려에서는 몽골풍이 성행했어요.　　　　　　　　＿＿＿＿＿＿
인기를 얻어 사회 전체에서 크게 유행하다.

(3) 고려 시대에는 원나라에 가서 출세한 사람이 있었어요.　　　　　　　　＿＿＿＿＿＿
사회적으로 높은 지위에 오르거나 유명하게 되다.

(4) 월정사 탑돌이는 일제 강점기를 거쳐 전래된 민속놀이예요.　　　　　　　　＿＿＿＿＿＿
예로부터 전하여 오다.

(5) 절실한 소망을 가진 사람이라면 누구든 탑돌이를 할 수 있어요.　　　　　　　　＿＿＿＿＿＿
느낌이나 생각이 뼈저리게 강렬한 상태에 있다.

**3** 다음 문장의 밑줄 친 낱말을 바르게 고쳐 빈칸에 쓰세요.

(1) 공포는 지붕의 처마를 받치는 장식이에요.　　　　　　　　＿＿＿＿＿＿

(2) 고려는 몽골과의 전쟁 이후 원나라의 관섭을 받았어요.　　　　　　　　＿＿＿＿＿＿

(3) 호족은 힘을 드러내기 위해 불상을 커다라게 만들었어요.　　　　　　　　＿＿＿＿＿＿

(4) 불상을 만들어 불공을 드려서 소원을 이를 수 있도록 했어요.　　　　　　　　＿＿＿＿＿＿

(5) 평창 월정사 8각 9층 석탑에 충충히 쌓인 돌은 팔각형 모양이에요.　　　　　　　　＿＿＿＿＿＿

# 2주

## 1일

### 대장경

고려는 부처님의 힘으로
외적을 물리치고자
대장경을 만들었어요.

## 2일

### 합천 해인사 장경판전

목판인 팔만대장경판을 잘
보관하기 위해 만든 건물로,
조선 시대에 지어졌어요.

**1231년**
몽골, 1차 고려 침입

**1248년**
팔만대장경 완성

연표를 따라가며 **2주차**에 만날 문화유산의 **이름과 특징**을 살펴보세요.

**3일**

삼국사기와 삼국유사

고려 시대에 쓰인 역사책으로,
『삼국사기』는 김부식이,
『삼국유사』는 일연이 썼어요.

**4일**

금속 활자

고려는 세계 최초로
금속 활자를 만들어
『직지심체요절』을 인쇄했어요.

**5일**

화약과 목화

최무선은 화약 무기를
개발했고, 문익점은
목화 재배에 성공했어요.

**1281년**
『삼국유사』 편찬

**1359년**
홍건적의 침입

**1377년**
『직지심체요절』 인쇄

**1380년**
진포 대첩

# 1일차 글

지문분석 동영상강의

## 고려가 다른 나라의 침입을 이겨 내기 위해 한 일은 무엇일까요?

**합천 해인사 장경판전**
- 위치: 경상남도 합천군
- 특징: 팔만대장경을 찍어 낸 대장경판이 보관되어 있음.

♀ **대장경판**
대장경을 책으로 찍어 내기 위한 인쇄용 목판이에요. '팔만대장경'은 경판의 수가 8만여 장이라고 해서 붙은 이름이고, 고려 시대에 만들어져 '고려대장경'이라고도 불러요. 합천 해인사 대장경판에 새겨진 글자 수는 무려 5,200만 자에 달해요.

▲ 합천 해인사 대장경판

▲ 「팔만대장경」

1문단  고려 사람들은 나라에 어려운 일이 생기면 부처님의 힘으로 이겨 내고자 하였어요. **대장경**을 새겨 만들면 부처님 말씀을 널리 전할 수 있기 때문에 부처님께서 나라를 지켜 준다고 믿었지요. 대장경은 불교에 대한 지식과 문화의 수준이 매우 높아야 만들 수 있는 것이에요. 고려는 거란이 침입했을 때 처음으로 대장경을 만들었는데, 이를 '처음 만든 대장경'이라는 뜻에서 초조대장경이라고 해요. 그러나 몽골의 침입으로 초조대장경이 불에 타 없어지자 부처님의 힘으로 몽골군을 물리치기 위해서 대장경을 다시 만들었어요. 이 대장경은 8만여 장의 **목판**으로 만들었다고 하여 팔만대장경이라고 해요.

2문단  팔만대장경은 고려의 수준 높은 목판 인쇄술을 보여 줘요. 대장경판을 만드는 일은 매우 어렵고 힘든 일이었어요. 한 글자만 실수해도 그 엄청난 양의 목판을 하나하나 다시 새겨야 했어요. 그래서 고려 사람들은 세 번 절하고 한 글자를 새길 정도로 열정과 정성을 담아 대장경판을 만들었어요. 수천만 개의 글자들이 고르게 새겨져 있고 틀린 글자가 거의 없을 정도로 **정교함**을 자랑하지요. 합천 해인사에 보관된 팔만대장경판은 오늘날까지 남아 있는 대장경판 중에 가장 오래되었어요. 게다가 내용도 완벽하게 남아 있어 유네스코 세계 기록 유산에 **등재되어** 세계적으로 인정받고 있어요.

- **대장경** 부처님의 가르침과 불교 규율 등을 모두 모아 정리한 불교 경전이에요.
- **목판** 종이에 찍기 위해 나무에 글자나 그림을 새긴 인쇄용 판이에요.
- **정교하다** 솜씨나 기술이 빈틈이 없이 자세하고 뛰어난 것을 말해요.
- **등재되다** 어떤 내용이 장부나 대장에 올려지는 것을 말해요.

**1** 이 글의 중심 낱말로 알맞은 것은 무엇인가요?                    (          )

중심 낱말

① 목판                    ② 대장경                    ③ 해인사

**2** 1 문단 , 2 문단 의 중심 내용을 알맞게 줄로 이으세요.

중심 내용

1 문단  ·

· 고려는 나라에 어려운 일이 생기면
대장경을 만들었어요.

2 문단  ·

· 팔만대장경은 고려의 수준 높은
목판 인쇄술을 보여 줘요.

**3** 이 글의 내용으로 알맞은 것은 무엇인가요?                    (          )

세부 내용

① 대장경판은 금속에 글자를 새긴 것이에요.

② 팔만대장경은 '처음 만든 대장경'이라는 뜻이에요.

③ 팔만대장경판은 유네스코 세계 기록 유산에 등재되었어요.

**4** 이 글의 내용을 요약했어요. (          ) 안에 들어갈 알맞은 말을 찾아 ○표 하세요.

내용 요약

| 불교를 통한 위기 극복 |  | 고려의 (          ) |
|---|---|---|
| • 부처님의 힘으로 외적을 물리치고자 함.<br>• 부처님의 말씀을 담은 대장경을 만듦. | 대장경 | • 나무판에 대장경을 새김.<br>• 8만여 장의 경판에 새긴 팔만대장경판은 세계적으로 가치를 인정받고 있음. |

목판 인쇄술                    금속 활자 인쇄술

 오늘의 **한** 문장 정리

고려는 나라의 어려움을 부처님의 힘으로 이겨 내고자 _____ 을 만들었어요.

# 1일차 일기

# 8만여 장의 목판에 새겨진 간절한 마음

20◯◯년 ◯◯월 ◯◯일 ◯요일　날씨:

제목: ＿＿＿＿＿＿ (가) ＿＿＿＿＿＿

　　지난 주말에 우리 가족은 경상남도 합천에 있는 해인사에 다녀왔다. 그곳에는 유네스코 세계 기록 유산에도 등재된 문화유산이 있었다. 바로 팔만대장경판이다. 팔만대장경은 몽골군의 침입을 이겨 내기 위해 부처님의 말씀을 수많은 목판에 새겨 찍어 낸 것인데, 이 목판을 팔만대장경판이라고 한다. 해설사 선생님께서 팔만대장경이 고려 시대에 만들어져서 '고려대장경'으로도 불리지만, 글자를 새긴 목판이 8만여 장에 달한다고 해서 주로 '팔만대장경'이라고 부른다고 하셨다.

　　요즘은 컴퓨터나 스마트폰으로 손쉽게 글자를 쓰고 수정할 수 있지만 목판에 한번 새긴 글자는 수정할 수 없었을 텐데, 얼마나 많은 정성이 들어갔을까? 그 많은 글자들이 모두 한 사람이 쓴 것같이 모양이 고르고 틀린 글자도 거의 없다니! 팔만대장경판을 모두 쌓으면 그 높이가 2,400m가 넘을 정도로 규모도 대단하다. 팔만대장경판은 세계적으로도 뛰어난 가치를 인정받는다고 해서 자랑스러웠다.

- 달하다 일정한 수량, 정도, 상태에 이르는 것을 말해요.
- 손쉽다 어떤 것을 다루거나 어떤 일을 하기가 쉽다는 것을 말해요.
- 수정하다 글이나 글자의 잘못된 점을 고치는 것을 말해요.

**1** 합천 해인사에 있는 문화유산으로 알맞은 것을 찾아 ○표 하세요.

목탑                    경국대전                    팔만대장경판

**2** 이 일기의 (가)에 들어갈 제목으로 알맞은 것은 무엇인가요?          (          )

① 안타까운 고려의 역사
② 해인사 장경판전의 신기한 과학 원리
③ 자랑스러운 우리 문화유산, 팔만대장경판

**3** 이 일기의 내용으로 맞으면 ○표, 틀리면 ×표 하세요.

(1) 팔만대장경판은 고려 시대에 만들어졌어요.                    (          )
(2) 팔만대장경판을 모두 쌓으면 그 높이가 2,400m가 넘어요.     (          )
(3) 팔만대장경은 거란군의 침입을 이겨 내기 위해 만들었어요.    (          )

**4** 다음 (          ) 안에 들어갈 알맞은 말은 무엇인가요?          (          )

| 구분 | 컴퓨터 | 목판 |
| --- | --- | --- |
| 글자 쓰기 | 키보드로 글자를 입력함. | 조각칼로 글자를 한 자 한 자 직접 새김. |
| 글자 고치기 | 키보드와 마우스로 손쉽게 글자를 고칠 수 있음. | (          ) |
| 인쇄하기 | 글을 저장해 놓고 한 번에 여러 장 인쇄할 수 있음. | 글자를 새긴 목판으로 여러 번 인쇄할 수 있음. |

① 목판에 이미 새겨 넣은 글자는 고칠 수 없음.
② 목판을 더 깊게 깎아서 글자를 고칠 수 있음.
③ 목판으로 찍어 낸 종이 위에서 글자를 고칠 수 있음.

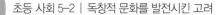

# 2일차
글

지문분석 동영상강의

# 목판은 어떻게 잘 보존될 수 있었을까요?

**합천 해인사**
• 위치: 경상남도 합천군
• 특징: 팔만대장경판이 보관되어 있는 장경판전은 해인사에 남아 있는 건물 중 가장 오래됨.

**1 문단** 팔만대장경은 고려의 대표적인 목판 인쇄물이에요. 무려 8만여 장의 나무판에 글자를 새겨 찍어 낸 것이지요. 고려 시대에 만들어졌으니 벌써 약 7백 년이나 되었어요. 나무는 쉽게 썩고 **비틀리는** 특성이 있는데, 팔만대장경판은 어떻게 그 오랜 시간 동안 망가지지 않고 잘 **보존될** 수 있는 걸까요? 그 비밀은 팔만대장경판이 보관되어 있는 ♥합천 해인사 장경판전에 숨어 있어요.

**2 문단** 합천 해인사 장경판전은 뛰어난 기술을 바탕으로 과학적으로 설계되었어요. 나무의 상태에 영향을 끼치는 온도와 **습도**, 바람을 자연스럽게 **조절하여** 대장경판이 훼손되지 않도록 만든 것이지요. 먼저 바람이 잘 통하게 하기 위해 창을 여러 개 냈어요. 그리고 건물의 앞면과 뒷면의 창의 크기뿐만 아니라 벽면 위쪽과 아래쪽의 창의 크기도 서로 다르게 만들었지요. 이렇게 하면 건물 안으로 들어간 공기가 위아래로 잘 통하여 적당한 온도를 유지할 수 있었어요. 또, 바닥은 깊숙이 땅을 파서 소금, 숯, 모래 등을 넣었는데, 이는 건물이 스스로 습도를 조절하도록 해 주었어요. 오늘날의 기술로도 쉽게 흉내 낼 수 없는 뛰어난 과학 기술이라고 할 수 있어요.

♥ **합천 해인사 장경판전의 과학적인 구조**

▲ 장경판전 안의 공기 흐름

소금
숯
모래+횟가루+찰흙

▲ 장경판전의 바닥 구조

◀ 합천 해인사 장경판전 내부
벽면의 위쪽 창과 아래쪽 창의 크기를 서로 다르게 했어요.

• **비틀리다** 힘을 받아 꼬이면서 돌아가는 것을 말해요.
• **보존되다** 중요한 것이 잘 보호되어 그대로 남겨지는 것을 말해요.
• **습도** 공기 가운데 수증기(기체 상태로 되어 있는 물)가 들어 있는 양을 말해요.
• **조절하다** 상황에 알맞게 맞춘다는 뜻이에요.

오늘의 날짜          월          일

**1** 이 글의 중심 낱말로 알맞은 것은 무엇인가요?                    (          )

중심 낱말

① 장경판전                ② 팔만대장경                ③ 목판 인쇄술

**2** [1 문단], [2 문단] 의 중심 내용을 알맞게 줄로 이으세요.

중심 내용

| [1 문단] • | • | 합천 해인사 장경판전은<br>과학적으로 설계되었어요. |
|---|---|---|

| [2 문단] • | • | 팔만대장경판은 장경판전에 보관되어<br>있어 잘 보존될 수 있었어요. |
|---|---|---|

**3** 이 글의 내용으로 알맞은 것은 무엇인가요?                    (          )

세부 내용

① 팔만대장경은 조선 시대에 만들어졌어요.

② 장경판전 안에는 에어컨과 가습기가 있어요.

③ 장경판전의 벽면 위쪽 창과 아래쪽 창은 서로 크기가 달라요.

**4** 다음 질문에 대한 대답으로 알맞은 것을 찾아 ○표 하세요.

내용 추론

장경판전이 건물 스스로 습도를 조절할 수 있는 까닭은 무엇인가요?

| 장경판전의 바닥에 소금, 숯, 모래<br>등을 넣었기 때문에 | 장경판전을 지을 때 사용한<br>나무가 특별하기 때문에 |
|---|---|

😊 오늘의 **한** 문장 정리

팔만대장경판이 잘 보존될 수 있었던 까닭은 합천 해인사 _____ 의 과학적인
설계 때문이에요.

# 2일차 인터뷰

# 대장경판을 지켜 낸 장경판전의 비밀

## ○○ 신문

20○○년 ○○월 ○○일

### 해인사 장경판전, [ (가) ] 잘되는 이유 '창'에 있었다

**진행자** 목판인 팔만대장경판이 그 오랜 세월을 버틸 수 있었던 것은 합천 해인사 장경판전의 우수한 설계와 구조 때문이라지요?

**스님** 네, 그렇습니다. 장경판전은 바람이 잘 통하도록 건물의 앞뒤 벽에 창을 냈어요. 남쪽에 있는 창과 북쪽에 있는 창의 크기를 서로 다르게 해서 바람이 잘 통하도록 했지요.

또 해인사가 가야산의 중턱에 있고, 장경판전은 해인사에서 가장 높은 곳에 있어서 바람이 잘 불어오기도 해요.

**진행자** 자연 **통풍** 시스템이군요!

**스님** 맞아요. 그리고 장경판전의 바닥에는 가장 아래에 모래, 횟가루, 찰흙을 섞어 깔고, 그 위에는 숯, 가장 위에는 소금을 깔았어요.

숯은 공기와 물을 깨끗하게 하고, 소금은 바깥 습도에 따라 수분을 **흡수하거나 증발시키는** 기능이 있어요. 그 덕분에 장경판전 안의 습도를 항상 **일정하게** 유지할 수 있었지요. 이것이 바로 목판인 팔만대장경판을 잘 보존할 수 있었던 비밀이에요.

---

- **통풍** 바람이 통하게 하는 것을 말해요.
- **흡수하다** 물을 빨아들이는 것을 말해요.
- **증발시키다** 어떤 물질이 액체 상태에서 기체 상태로 변하게 하는 것을 말해요.
- **일정하다** 어떤 것의 양, 성질, 상태 등이 달라지지 않고 똑같은 것을 말해요.

오늘의날짜    월    일

**1** 다음 (      ) 안에 들어갈 알맞은 낱말은 무엇인가요?    (        )

> 이 인터뷰에서 진행자와 스님은 장경판전의 (        )에 대해 이야기하고 있어요.

① 가격                    ② 구조                    ③ 크기

**2** 이 인터뷰의 내용으로 알맞은 것은 무엇인가요?    (        )

① 장경판전은 남쪽에만 창이 있어요.
② 숲에는 공기와 물을 깨끗하게 하는 기능이 있어요.
③ 장경판전은 합천 해인사에서 가장 낮은 곳에 있어요.

**3** 이 인터뷰의 (가)에 들어갈 알맞은 낱말을 찾아 ◯표 하세요.

| 습도 | 증발 | 통풍 | 흡수 |

**4** 장경판전의 바닥 구조에서 ㉠, ㉡에 들어갈 알맞은 낱말을 이 인터뷰에서 찾아 쓰세요.

모래+횟가루+찰흙

㉠ _____

㉡ _____

# 3일차 글

## 고려 시대에 쓰인 대표적인 역사책은 무엇일까요?

**국립 중앙 박물관**
• 위치: 서울특별시 용산구
• 특징: 『삼국사기』와 『삼국유사』가 보관되어 있음.

**1 문단** 비슷한 듯 다른 제목을 가진 『삼국사기』와 『삼국유사』는 고려 시대에 쓰인 대표적인 역사책이에요. 고려의 귀족이자 유학자인 김부식이 유교적 **입장**에서 쓴 『삼국사기』는 우리나라에 남아 있는 가장 오래된 역사책이에요. 『삼국사기』가 완성된 지 140여 년 뒤 일연 스님이 불교적 입장에서 『삼국유사』를 썼어요. 『삼국유사』는 고려가 몽골의 침략을 겪은 뒤 원나라의 간섭을 받아 백성들이 힘들게 살던 때 쓰인 역사책이에요.

**2 문단** 『삼국사기』와 『삼국유사』의 공통점은 무엇일까요? 먼저 두 역사책은 고려를 세운 왕건이 후삼국을 통일할 때까지의 역사를 다루고 있고, 삼국 중 신라와 관련된 내용이 가장 많아요. 그렇다면 차이점에는 어떤 것이 있을까요? 『삼국사기』는 나라에서 만든 역사책이지만 『삼국유사』는 개인이 쓴 역사책이에요. 그래서 『삼국유사』에는 옛날부터 전해 내려오는 노래나 전설 등이 실려 있어요. 또, 『삼국사기』는 삼국의 역사부터 썼지만 『삼국유사』는 삼국 시대 이전인 **고조선**의 역사부터 썼어요. 두 역사책은 모두 오늘날 사람들에게 우리 역사를 알 수 있게 해 준다는 점에서 높은 가치를 지녔답니다.

📍 **고려 시대에 쓰인 역사책**

🔺 『삼국사기』

🔺 『삼국유사』

역사책에는 사실만 써야 해.

노래와 전설도 역사책에 쓸 수 있어!

• 입장 바로 눈앞에 처하고 있는 상황 또는 그 상황에 대한 태도를 말해요.
• 고조선 단군왕검이 세운 우리 역사 속 최초의 국가예요.

오늘의날짜          월          일

**1**
중심 낱말

이 글에 나오지 <u>않는</u> 책은 무엇인가요?          (          )

① 『삼국지』          ② 『삼국사기』          ③ 『삼국유사』

**2**
중심 내용

1문단 , 2문단 의 중심 내용을 알맞게 줄로 이으세요.

1문단 •

• 『삼국사기』와 『삼국유사』는
공통점과 차이점이 있어요.

2문단 •

• 『삼국사기』와 『삼국유사』는
고려 시대에 쓰인 대표적인 역사책이에요.

**3**
세부 내용

이 글의 내용으로 알맞은 것은 무엇인가요?          (          )

① 『삼국사기』는 스님이 썼어요.
② 『삼국유사』보다 『삼국사기』가 먼저 쓰였어요.
③ 『삼국유사』에는 고구려와 관련된 내용이 없어요.

**4**
내용 요약

이 글의 내용을 요약했어요. 다음 중 알맞지 <u>않은</u> 것은 무엇인가요?          (          )

| 구분 | 『삼국사기』 | 『삼국유사』 |
|---|---|---|
| 차이점 | ① 김춘추가 삼국의 역사부터 씀.<br>② 우리나라에 남아 있는 가장 오래된 역사책임. | • 일연이 고조선의 역사부터 씀.<br>• 옛날 노래나 전설 등이 실려 있음. |
| 공통점 | ③ 왕건이 후삼국을 통일할 때까지의 역사를 다루고 있음.<br>• 삼국 중 신라와 관련된 내용이 가장 많음. | |

 오늘의 **한** 문장 정리

『_____』와 『삼국유사』는 고려 시대에 쓰인 대표적인 역사책이에요.

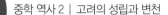

**3일차**
온라인
대화

지문분석 동영상강의

# 시간을 뛰어넘은 일연과 김부식의 만남

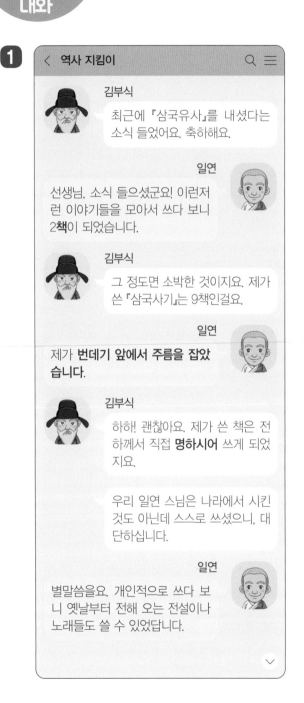

**1**

< 역사 지킴이

**김부식**
최근에 『삼국유사』를 내셨다는 소식 들었어요. 축하해요.

**일연**
선생님, 소식 들으셨군요! 이런저런 이야기들을 모아서 쓰다 보니 2**책**이 되었습니다.

**김부식**
그 정도면 소박한 것이지요. 제가 쓴 『삼국사기』는 9책인걸요.

**일연**
제가 **번데기 앞에서 주름을 잡았**습니다.

**김부식**
하하! 괜찮아요. 제가 쓴 책은 전하께서 직접 **명하시어** 쓰게 되었지요.

우리 일연 스님은 나라에서 시킨 것도 아닌데 스스로 쓰셨으니, 대단하십니다.

**일연**
별말씀을요. 개인적으로 쓰다 보니 옛날부터 전해 오는 전설이나 노래들도 쓸 수 있었답니다.

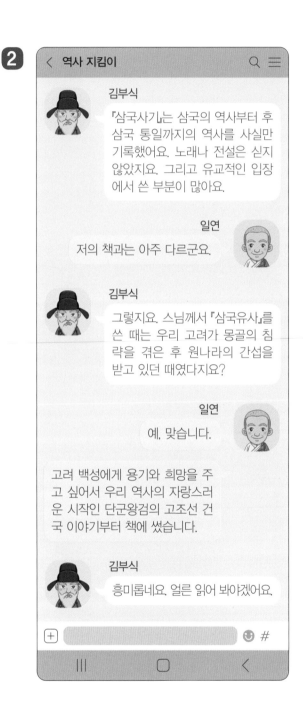

**2**

< 역사 지킴이

**김부식**
『삼국사기』는 삼국의 역사부터 후삼국 통일까지의 역사를 사실만 기록했어요. 노래나 전설은 싣지 않았지요. 그리고 유교적인 입장에서 쓴 부분이 많아요.

**일연**
저의 책과는 아주 다르군요.

**김부식**
그렇지요. 스님께서 『삼국유사』를 쓴 때는 우리 고려가 몽골의 침략을 겪은 후 원나라의 간섭을 받고 있던 때였다지요?

**일연**
예, 맞습니다.

고려 백성에게 용기와 희망을 주고 싶어서 우리 역사의 자랑스러운 시작인 단군왕검의 고조선 건국 이야기부터 책에 썼습니다.

**김부식**
흥미롭네요. 얼른 읽어 봐야겠어요.

- **책** 여기서는 '옛 서적이나 여러 장의 종이를 하나로 묶은 것을 세는 단위'라는 의미예요.
- **번데기 앞에서 주름 잡는다** 실력이 뛰어나거나 큰 재주가 있는 사람 앞에서 잘난 체하는 것을 말해요.
- **명하다** 윗사람이 아랫사람에게 무엇을 하게 하는 것이에요. '명령하다'와 같은 말이에요.

**1** 『삼국사기』와 『삼국유사』를 쓴 인물은 누구인지 알맞게 줄로 이으세요.

| 『삼국사기』 | • | | • | 일연 |
|---|---|---|---|---|
| 『삼국유사』 | • | | • | 김부식 |

**2** 이 대화의 내용으로 알맞지 <u>않은</u> 것은 무엇인가요? 　　　　　(　　　　　)

① 『삼국사기』가 『삼국유사』보다 책 수가 많아요.

② 『삼국유사』는 나라에서 명하여 쓴 역사책이에요.

③ 『삼국유사』는 고려가 원나라의 간섭을 받던 때에 쓰였어요.

**3** 『삼국사기』에 실려 있는 내용으로 알맞은 것을 찾아 ○표 하세요.

| 노래 | 전설 | 신라의 역사 | 고조선의 역사 |
|---|---|---|---|

**4** 『삼국유사』가 고조선의 역사부터 시작하는 까닭으로 알맞은 것은 무엇인가요?

(　　　　　)

① 고구려보다 고조선이 더 대단한 나라여서

② 고려 백성에게 용기와 희망을 주고 싶어서

③ 왕이 가장 오래된 역사부터 쓰라고 명하여서

# 4일차 글

지문분석 동영상강의

# 고려 사람들은 어떻게 책을 인쇄했을까요?

**청주 고인쇄 박물관**
• 위치: 충청북도 청주시
• 특징: 금속 활자를 만드는 방법과 『직지심체요절』의 인쇄 과정 등을 살펴볼 수 있음.

**1 문단** 나무에 글자를 새겨 책을 찍어 내는 것을 목판 인쇄술이라고 해요. 목판 인쇄술을 이용하면 하나의 책을 여러 번 쉽게 찍어 낼 수 있어요. 그런데 목판 인쇄술은 몇 가지 단점이 있어요. 목판에 글자를 새기는 일에는 엄청난 시간과 노력이 들어가는데도 하나의 목판으로 단 한 가지 종류의 책만 찍어 낼 수 있어요. 또, 보관을 잘못하면 목판이 썩어 버려 글자들이 흐려지기도 해요.

**2 문단** 고려 사람들은 목판 인쇄술의 단점을 **보완하기** 위해 금속 **활자**를 세계 최초로 만들었어요. 금속 활자는 금속에 한 글자씩 따로 새겨 만든 것이에요. 목판 인쇄술로 또 다른 책을 만들려면 새로운 목판에 처음부터 다시 글자를 새겨야 하는 반면, 금속 활자 인쇄술을 이용하면 만들어 둔 활자들을 책의 내용에 맞게 끼워 맞추기만 하면 돼서 여러 종류의 책을 훨씬 쉽게 찍어 낼 수 있어요. 금속으로 만들었기 때문에 튼튼하고 오래가기까지 했지요.

△ 고려 금속 활자

**3 문단** 오늘날 세계에서 가장 오래된 금속 활자 인쇄본은 『직지심체요절』이에요. 이 책은 서양에서 가장 오래된 금속 활자 인쇄본인 구텐베르크의 『성경』보다 70여 년이나 앞선 것이지요. 『직지심체요절』은 옛날에 프랑스 외교관이 가져가서 오늘날까지 프랑스 파리 국립 도서관에 보관되어 있어요. 이곳에서 근무하던 박병선 박사가 『직지심체요절』을 발견하면서 세상에 알려졌고, 2001년 유네스코 세계 기록 유산으로 등재되었어요.

**◯『직지심체요절』**

『직지심체요절』은 상권과 하권 2권으로 구성되어 있는데, 오늘날에는 하권만 전해지고 있어요.

• **보완하다** 모자라거나 부족한 것을 보충하여 완전하게 하는 것을 말해요.
• **활자** 네모기둥 모양의 금속 윗면에 문자나 기호를 볼록 튀어나오게 새긴 것을 말해요.

**1** 이 글의 중심 낱말로 알맞은 것은 무엇인가요?                    (        )

<sub>중심 낱말</sub>

① 성경                    ② 목판                    ③ 금속 활자

**2** , , 3문단 의 중심 내용을 알맞게 줄로 이으세요.

<sub>중심 내용</sub>

2주

1문단  •                    • 『직지심체요절』은 오늘날 세계에서 가장 오래된 금속 활자 인쇄본이에요.

2문단  •                    • 고려 사람들은 세계 최초로 금속 활자를 만들었어요.

3문단  •                    • 나무에 글자를 새겨 책을 찍어 내는 목판 인쇄술은 몇 가지 단점이 있어요.

**3** 다음 (        ) 안에 들어갈 알맞은 낱말을 골라 ○표 하세요.

<sub>어휘 표현</sub>

금속 활자 인쇄본인 『직지심체요절』은 유네스코 세계 ( **기록** , **예술** ) 유산으로 등재되었어요.

**4** 이 글의 내용을 요약했어요. ㉠, ㉡에 들어갈 알맞은 낱말을 이 글에서 찾아 쓰세요.

<sub>내용 요약</sub>

인쇄술 —— ( ㉠ ) 인쇄술
• 나무판 1개로 한 가지 종류의 책만 찍을 수 있음.
• 잘못 보관하면 글자들이 흐려짐.

—— ( ㉡ ) 인쇄술
• 한 글자씩 활자를 따로 만들어서 끼워 맞춤.
• 여러 종류의 책을 찍을 수 있음.

㉠ _____        ㉡ _____

 오늘의 **한** 문장 정리

**고려 사람들은 세계 최초로 _____ 활자를 만들었어요.**

**4일차**

백과사전

# 세계 최초의 발명, 금속 활자

---

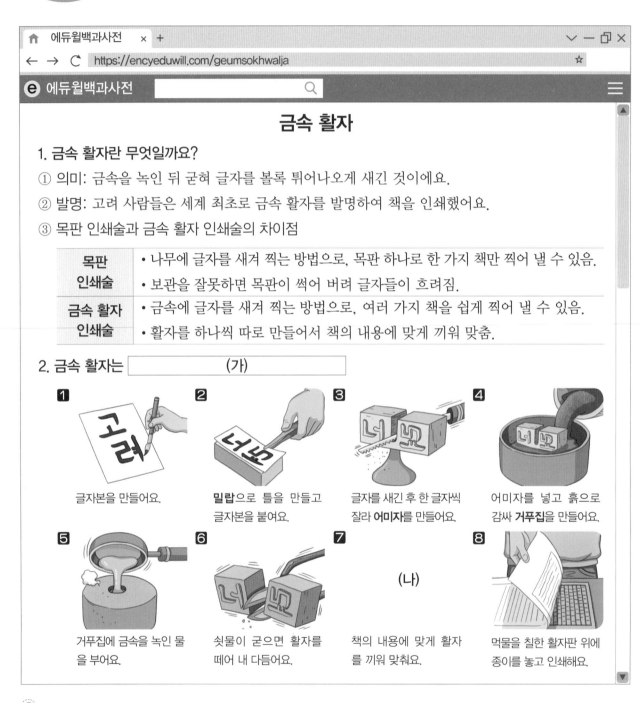

에듀윌백과사전 × +

https://encyeduwill.com/geumsokhwalja

**e** 에듀윌백과사전 🔍

## 금속 활자

### 1. 금속 활자란 무엇일까요?

① 의미: 금속을 녹인 뒤 굳혀 글자를 볼록 튀어나오게 새긴 것이에요.

② 발명: 고려 사람들은 세계 최초로 금속 활자를 발명하여 책을 인쇄했어요.

③ 목판 인쇄술과 금속 활자 인쇄술의 차이점

| 목판 인쇄술 | • 나무에 글자를 새겨 찍는 방법으로, 목판 하나로 한 가지 책만 찍어 낼 수 있음.<br>• 보관을 잘못하면 목판이 썩어 버려 글자들이 흐려짐. |
|---|---|
| 금속 활자 인쇄술 | • 금속에 글자를 새겨 찍는 방법으로, 여러 가지 책을 쉽게 찍어 낼 수 있음.<br>• 활자를 하나씩 따로 만들어서 책의 내용에 맞게 끼워 맞춤. |

### 2. 금속 활자는 ⬚ (가) ⬚

**1** 글자본을 만들어요.

**2** **밀랍**으로 틀을 만들고 글자본을 붙여요.

**3** 글자를 새긴 후 한 글자씩 잘라 **어미자**를 만들어요.

**4** 어미자를 넣고 흙으로 감싸 **거푸집**을 만들어요.

**5** 거푸집에 금속을 녹인 물을 부어요.

**6** 쇳물이 굳으면 활자를 떼어 내 다듬어요.

**7** **(나)** 책의 내용에 맞게 활자를 끼워 맞춰요.

**8** 먹물을 칠한 활자판 위에 종이를 놓고 인쇄해요.

---

• 밀랍 벌집을 만들기 위해 꿀벌이 분비하는 물질로, 상온에서 단단하게 굳어지는 성질이 있어요.

• 어미자 활자의 글자 면이 나타나도록 하기 위하여 글자를 새긴 판을 말해요.

• 거푸집 일정한 물건의 모양대로 만들 수 있도록 속이 비어 있는 틀을 말해요.

2주

**1** 이 백과사전을 읽고 알맞은 반응을 보인 어린이는 누구인가요?　　（　　　）

① 영지: 금속을 녹인 뒤 굳혀 만들었어요.

② 현우: 조선 사람들이 세계 최초로 만들었어요.

③ 준혁: 금속의 글자 부분이 움푹 들어가게 새겼어요.

**2** 금속 활자 인쇄술에 대한 내용으로 맞으면 ○표, 틀리면 ×표 하세요.

(1) 나무에 글자를 새겨 찍어 내는 방법이에요.　　　　（　　　）

(2) 완성된 활자는 한 글자씩 따로 떨어져 있어요.　　　（　　　）

(3) 활자를 끼워 맞춰 여러 가지 책을 쉽게 찍어 낼 수 있어요.　（　　　）

**3** 이 백과사전의 (가)에 들어갈 알맞은 말은 무엇인가요?　　（　　　）

① 왜 만들었을까요?

② 누가 만들었을까요?

③ 어떻게 만들었을까요?

**4** 이 백과사전의 (나)에 들어갈 그림으로 알맞은 것은 무엇인가요?　（　　　）

① 　　② 　　③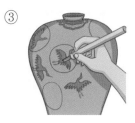

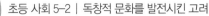

# 5일차
## 글

지문분석 동영상강의

## 과학 기술의 발전에 따라 변화된 고려의 모습은 어땠을까요?

**최무선 과학관**
• 위치: 경상북도 영천시
• 특징: 최무선이 만든 다양한 종류의 화약과 화포 전시를 보고, 화약 만들기 체험을 해 볼 수 있음.

**1문단** 고려 말, **왜구**를 물리치기 위한 화약 만들기에 성공한 최무선은 이 화약을 사용할 무기를 빨리 만들어야 한다고 생각했어요. 이후 화약과 화약 무기 개발을 담당하는 기구인 화통도감이 설치되었어요. 화통도감에서는 화약이 폭발하면서 내는 힘을 이용하여 화살, **탄환**을 발사하는 화포 등을 만들었어요. 나무통 안에 화약과 작은 쇳조각들을 채워 넣고 발사하면 폭발과 함께 그 조각들이 날아가는 무기, 오늘날의 로켓과 같이 화약의 힘으로 날아가 적이 있는 곳에 불을 지르는 무기 등도 개발되었어요. 고려는 **진포**에서 왜구와 치른 전투에서 처음으로 이 화약 무기들을 사용하여 승리를 거두었어요.

**국립 민속 박물관**
• 위치: 서울특별시 종로구
• 특징: 목화의 씨를 빼는 기구인 '씨아'와 실을 뽑아내는 기구인 '물레', 목화솜 이불을 볼 수 있음.

**2문단** 한편 일반 백성들의 생활은 어땠을까요? 고려 후기까지 사람들은 한겨울에도 모시와 삼베로 만든 얇은 옷으로 추위를 버텨야 했어요. 그러던 어느 날 원나라에 사신으로 간 문익점은 하얀 열매가 맺힌 목화를 보았어요. 그 열매가 따뜻한 옷을 만드는 재료라는 걸 알게 된 문익점은 목화씨 10여 개를 가지고 고려로 돌아왔어요. 문익점은 **장인** 정천익과 함께 목화 **재배**를 시도했는데, 그중 딱 한 송이의 목화만 피었어요. 그 한 송이에서 씨를 받아 여러 송이의 목화를 피우는 데 성공했어요. 그 결과 목화솜을 넣어 옷과 솜이불을 만들 수 있게 되었고, 고려 백성들은 따뜻한 겨울을 보낼 수 있게 되었어요.

• **왜구** 예전에 활동했던 일본 해적을 말해요.
• **탄환** 총이나 포에 넣어 목표물을 향해 쏘아 보내는 물건이에요.
• **진포** 고려 시대에 서해안의 금강 하구에 있던 포구(항구)로, 오늘날의 군산 앞바다예요.
• **장인** 아내의 아버지를 이르는 말이에요.
• **재배** 식물을 심어 가꾸는 것을 말해요.

오늘의날짜          월          일

**1**

중심 낱말

**2문단** 의 중심 낱말로 알맞은 것은 무엇인가요?          (          )

① 모시                    ② 목화                    ③ 화약

**2**

중심 내용

**1문단** , **2문단** 의 중심 내용을 알맞게 줄로 이으세요.

**1문단** •

**2문단** •

• 고려는 최무선이 만든 화약 무기로 왜구의 침입을 물리쳤어요.

• 문익점이 목화 재배에 성공하여 고려 백성들이 따뜻한 겨울을 보내게 되었어요.

**3**

세부 내용

이 글의 내용으로 맞으면 ○표, 틀리면 ×표 하세요.

(1) 문익점은 목화 재배에 실패했어요.                    (          )
(2) 화통도감은 화약과 화약 무기를 만들던 곳이에요.                    (          )
(3) 고려는 처음으로 화약 무기를 사용한 전투에서 졌어요.                    (          )

**4**

내용 요약

이 글의 내용을 요약했어요. (          ) 안에 들어갈 알맞은 낱말을 이 글에서 찾아 쓰세요.

고려의 과학 기술 — 최무선 — (     ) 무기 개발 — 진포에서 일어난 전투에서 이 무기를 사용하여 승리함.

문익점 — 목화 재배 — 목화솜으로 만든 옷과 이불로 따뜻한 겨울을 보낼 수 있게 됨.

오늘의 **한** 문장 정리

최무선은 화약 무기를 개발해 _____ 를 물리쳤고, 문익점은 목화 재배에 성공하여 고려 사람들의 의생활이 달라졌어요.

# 5일차
방송 프로그램

지문분석 동영상강의

# 고려를 변화시킨 화약과 목화

에듀윌TV × +

https://eduwilltv.com/Koreaninvention

에듀윌TV

편성 에듀윌TV 일 22:30 방송
연출 김○○  대본 조○○

★특별기획★
**시대의 발명 100**

## 다큐멘터리 정보

선사 시대부터 근현대까지, 우리 역사를 통틀어 주목해야 할 발명과 발견 100가지!

4화

### 고려 1 최초의 화약과 화포를 만들다

우리나라 최초의 화약 무기는 무엇일까? 바로 고려 후기 최무선이 만든 화포이다. 당시 화통도감에서 만든 화약 무기가 10여 가지가 넘는다는 사실을 기록에서 알 수 있다. 화약에 사용된 재료와 원리를 통해 고려의 과학 기술을 알아본다.

5화

(가)

### 고려 2 진포에서의 전투를 승리로 이끌다

화약 무기를 갖춘 고려는 이제 두려울 것이 없다. 고려 우왕 때 왜구가 **전함** 500여 척을 이끌고 진포에 쳐들어오는 사건이 일어난다. 고려는 우리나라 역사상 처음으로 **해전**에서 화약 무기를 사용해 승리를 거둔 진포 대첩을 통해 화약 무기의 힘을 증명했다.

6화

### 고려 3 겨울나기 필수 물건, 솜옷을 입다

문익점이 원나라에서 가져온 10여 개의 목화씨는 고려 사람들의 일상생활을 어떻게 바꿨을까? 문익점은 목화 재배에 성공하였고, 그 덕분에 고려 사람들은 모시옷과 삼베옷으로 겨울을 버티던 세월과는 작별하게 되었다.

---

• 전함 전쟁할 때 쓰는 배를 말해요.
• 해전 바다에서 치르는 전투를 말해요.
• 겨울나기 겨울을 지내는 일을 말해요.

**1** 이 다큐멘터리의 4화 에서 소개하는 고려의 문화유산은 무엇인가요? (　　　　　)

① 솜옷　　　　　　　② 전함　　　　　　　③ 화약

**2** 이 다큐멘터리의 내용으로 알맞은 것은 무엇인가요? (　　　　　)

① 진포 대첩은 주로 육지에서 이루어진 전투예요.

② 화통도감에 대한 기록은 오늘날까지 남아 있지 않아요.

③ 목화씨를 들여오기 전에 고려 사람들은 모시옷과 삼베옷으로 겨울을 났어요.

**3** 다음 빈칸에 들어갈 알맞은 장소를 이 다큐멘터리에서 찾아 쓰세요.

> 고려는 ＿＿＿＿＿＿＿＿ 에서 왜구를 크게 물리쳤는데, 이 전투는 우리나라 역사상 처음으로 화약 무기를 사용해 승리를 거뒀다는 점에서 의미가 있어요.

**4** 이 다큐멘터리의 (가)에 들어갈 그림으로 알맞은 것은 무엇인가요? (　　　　　)

① 　　② 　　③

**1** 밑줄 친 낱말의 뜻을 알맞게 줄로 이으세요.

대장경판은 틀린 글자가 거의 없을 정도로 정교해요. •

• 전쟁할 때 쓰는 배

소금, 숯, 모래는 장경판전이 스스로 습도를 조절하게 해 줘요. •

• 어떤 것의 양, 상태 등이 달라지지 않고 똑같다.

『삼국사기』는 김부식이 유교적 입장에서 썼어요. •

• 솜씨나 기술이 빈틈이 없이 자세하고 뛰어나다.

장경판전 안의 습도는 항상 일정하게 유지되었어요. •

• 총이나 포에 넣어 목표물을 향해 쏘아 보내는 물건

왜구는 전함 500척을 이끌고 진포에 쳐들어왔어요. •

• 상황에 알맞게 맞추다.

화통도감에서는 탄환을 발사하는 화포를 만들었어요. •

• 바로 눈앞에 처하고 있는 상황 또는 그 상황에 대한 태도

**2** 밑줄 친 낱말과 뜻이 비슷한 낱말을 〈보기〉에서 찾아 빈칸에 쓰세요.

〈보기〉

| 망가지다 | 바꾸다 | 시키다 | 유지되다 | 키우다 |

(1) 『삼국사기』는 왕이 **명하여** 쓴 역사책이에요.                   _____
윗사람이 아랫사람에게 무엇을 하게 하다.

(2) 목판에 한번 새긴 글자는 **수정할** 수 없었어요.                   _____
글이나 글자의 잘못된 점을 고치다.

(3) 문익점은 장인 정천익과 함께 목화를 **재배했어요.**               _____
식물을 심어 가꾸다.

(4) 대장경판은 장경판전 덕분에 오랫동안 **보존될** 수 있었어요.        _____
중요한 것이 잘 보호되어 그대로 남겨지다.

(5) 온도와 습도를 조절하여 대장경판이 **훼손되지** 않게 했어요.        _____
무너지거나 깨져 상하게 되다.

**3** 다음 (        ) 안에 들어갈 알맞은 낱말을 골라 ○표 하세요.

(1) 나무는 쉽게 썩고 ( **비틀기는** , **비틀리는** ) 특성이 있어요.

(2) 금속 활자는 글자를 볼록 튀어나오게 ( **새긴** , **세긴** ) 것이에요.

(3) 금속 활자 인쇄술은 목판 인쇄술의 단점을 ( **보안** , **보완** )한 인쇄술이에요.

(4) 고려 시대에 목화솜 이불은 ( **겨우나기** , **겨울나기** )에 필요한 물건이었어요.

(5) 팔만대장경은 경판이 8만여 장에 ( **다란다** , **달한다** )고 해서 붙은 이름이에요.

# 빨래 걷어 오기

🍃 빨래가 비에 젖고 있어요. 빨래를 빨리 걷어 올 수 있게 알맞은 길을 찾아 줄을 그어요.

# 기운이 샘솟는 체조

🫘 다음 동작을 순서대로 하나씩 천천히 따라해 보아요.

**①**

무릎을 손으로 잡은 후
바닥에 앉아요.

**②**

고개를 무릎 쪽으로 숙이고
몸을 웅크려요.

**③**

뒤로 천천히 누우면서
다리를 들어 올려요.

**④**

손으로 허리를 받치고
다리를 쭉 편 채
20초 동안 가만히 있어요.

# 3주

**1일**

**한양**

조선을 세운 이성계가
새 도읍으로 정한 곳으로,
오늘날 서울이에요.

**2일**

**조선의 궁궐**

조선의 왕과 왕의 가족,
시중을 드는 많은 관리가
생활하던 곳이에요.

**1392년**
고려 멸망, 조선 건국

**1394년**
한양 천도

**1395년**
경복궁 완공

연표를 따라가며 **3주차**에 만날 문화유산의
**이름**과 **특징**을 살펴보세요.

**3일**

**조선 왕릉**

조선의 27명의 왕과
그 왕비 등이 죽은 후 만든
무덤을 부르는 말이에요.

**4일**

**세종 대 과학 기구**

조선 세종 때 다양한
과학 기구가 발명되어
백성들에게 도움을 주었어요.

**5일**

**훈민정음**

세종이 과학적 원리에 따라
따라 만든, 누구나 쉽게
배우고 쓸 수 있는 글자예요.

**1408년**
건원릉 조성

**1418년**
조선, 세종 즉위

**1434년**
장영실, 자격루 제작

**1446년**
『훈민정음』 반포

# 1일차 글

## 조선의 도읍은 어디였을까요?

**한양도성 박물관**
• 위치: 서울특별시 종로구
• 특징: 조선의 도읍이었을 당시 한양의 모습과 한양도성이 세워진 과정을 알아볼 수 있음.

**1 문단** 조선을 세운 이성계는 나라의 모습과 분위기를 새롭게 하려고 한양(서울)을 새 도읍으로 정했어요. 한양은 여러모로 도읍으로 알맞은 곳이었어요. 한양은 한반도의 중앙에 있어 교통이 편리했어요. 또, 넓은 평야가 있고 한강이 흘러 먹을 것과 마실 물을 구하기 쉬웠으며 사방이 산으로 둘러싸여 외적을 방어하기에도 좋았어요.

**2 문단** 한양의 건물들은 유교의 가르침에 따라 위치와 이름이 정해졌어요. 조선은 가장 먼저 궁궐인 경복궁을 짓고, 궁궐의 왼쪽(동쪽)에 종묘를, 오른쪽(서쪽)에 사직단을 세웠어요. 종묘는 왕과 왕비의 **신주**를 모셔 놓은 **사당**으로 해마다 제사를 지낸 곳이고, 사직단은 토지의 신과 곡식의 신에게 한 해 농사가 잘되게 해 달라고 제사를 지낸 곳이에요. 또, 한양도성으로 들어오는 문으로는 사대문을 세웠어요. 동대문은 흥인지문, 서대문은 돈의문, 남대문은 숭례문, 북대문은 숙정문이라고 했는데, 이는 유교에서 중요시하는 인(仁), 의(義), 예(禮), 지(智)를 나타내는 이름이에요. 사대문 사이사이에는 사소문을 만들었지요. 경복궁 앞 남쪽으로 길게 뻗은 거리에는 나라의 중요한 관청인 의정부와 6조를 세웠답니다.

**종묘**

종묘에서 제사를 지낸 행사를 종묘 제례라고 해요.

**사직단**

사직단을 통해 조선이 농업을 중요하게 생각한 나라였음을 알 수 있어요.

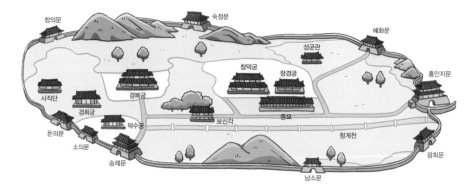

• 신주 죽은 사람의 이름 등을 새겨 놓은 작은 나무패를 말해요.
• 사당 조상의 이름 등을 적은 신주를 모셔 놓은 집을 말해요.

오늘의 날짜          월          일

**1**
중심 낱말

이 글의 중심 낱말로 알맞은 것은 무엇인가요?                    (          )

① 개성                  ② 종묘                  ③ 한양

**2**
중심 내용

1 문단 , 2 문단 의 중심 내용을 알맞게 줄로 이으세요.

3주

1 문단  ·

·  한양의 건물들은 유교의 가르침에
따라 위치와 이름이 정해졌어요.

2 문단  ·

·  조선을 세운 이성계는 한양을
새 도읍으로 정했어요.

**3**
내용 추론

이성계가 한양을 도읍으로 정한 까닭으로 알맞지 <u>않은</u> 것은 무엇인가요? (          )

① 고려의 도읍이었기 때문에
② 외적을 방어하기에 좋았기 때문에
③ 먹을 것과 마실 물을 구하기 쉬웠기 때문에

**4**
세부 내용

이 글의 내용으로 알맞은 것은 무엇인가요?                    (          )

① 종묘는 조선의 왕과 왕비가 묻혀 있는 무덤이에요.
② 사대문의 이름에는 불교에서 중요시하는 뜻이 담겨 있어요.
③ 사직단은 토지의 신과 곡식의 신에게 제사를 지낸 곳이에요.

🐵 오늘의 **한** 문장 정리

조선은 한양을 _____ 으로 정하고 여러 건물을 지었어요.

**1일차 안내도**

# 유교의 나라, 조선의 도읍이었던 서울

한양도성에는 **사대문과 사소문을 합하여 모두 8개의 성문**이 있었어요. 동서남북 사대문의 이름은 유교에서 중요시하는 네 가지 성품인 '인의예지(仁義禮智)'에서 따와 지었답니다.

## 서울 한양도성 스탬프 투어

智 지 (지혜)

❶ 숙정문 (북대문)

창의문

혜화문

❺ 경복궁 이성계가 조선을 세운 후 처음으로 지은 궁궐

❻ 창덕궁 조선 태종이 지은 궁궐

❷ 흥인지문 (동대문)

義 의 (정의)

❾ 사직단 토지의 신과 곡식의 신에게 제사를 지내던 곳

❼ 종묘 조선의 왕과 왕비의 신주를 모신 사당

仁 인 (어진 마음)

❹ 돈의문 터 (서대문)

소의문 터

광희문

❸ 숭례문 (남대문)

禮 예 (예의)

❽ 보신각 위급한 상황을 알리는 종을 보호하기 위하여 세운 시설

※ 돈의문과 소의문은 터만 남아 있어요.

### 🚩 투어 코스

| | 거리 | 소요 시간 | 코스 |
|---|---|---|---|
| **1 코스** | 7km | 50분 | ❶ 숙정문 → ❺ 경복궁 → ❼ 종묘 → ❷ 흥인지문 |
| **2 코스** | 10km | 60분 | ❸ 숭례문 → ❾ 사직단 → ❺ 경복궁 → ❶ 숙정문 |
| **3 코스** | 14km | 70분 | ❷ 흥인지문 → ❼ 종묘 → ❺ 경복궁 → ❾ 사직단 → ❸ 숭례문 |

- 어질다 마음이 너그럽고 착하며 슬기롭고 덕이 높은 것을 말해요.
- 터 집이나 밭 등이 없는 비어 있는 땅을 말해요.
- 위급하다 몹시 위태롭고 급한 것을 말해요.

**1** 이 안내도에서 오늘날에는 터만 남아 있는 문화유산을 찾아 ○표 하세요.

| 종묘 | 돈의문 | 홍인지문 |

**2** 이 안내도의 1~3코스에서 모두 거치지 <u>않는</u> 장소는 어디인가요?　　（　　　　）

①
🔺 종묘

②
🔺 보신각

③
🔺 사직단

**3** 이 안내도의 내용으로 맞으면 ○표, 틀리면 ×표 하세요.

(1) 경복궁은 조선 태종이 지었어요.　　　　　　　　　　（　　　　）

(2) 사대문의 이름은 '인의예지(仁義禮智)'에서 따와 지었어요.　（　　　　）

(3) 보신각은 위급한 상황을 알리는 종을 보호하는 시설이에요.　（　　　　）

**4** 이 안내도를 본 후 선생님의 물음에 알맞게 대답한 어린이는 누구인가요?

（　　　　）

선생님

한양도성의 성문에 대해 말해 볼까요?

① 예지: 동쪽에 있는 대문은 돈의문이에요.

② 성희: 숭례문의 이름에 담긴 뜻은 '예의'예요.

③ 은호: 한양도성으로 들어가는 문은 총 4개예요.

3주

# 조선의 왕들이 생활한 곳은 어디일까요?

**경복궁**
• 위치: 서울특별시 종로구
• 특징: 조선 시대에 가장 처음으로 세워진 궁궐로, 오늘날 세종대로의 시작점에 있음.

1 문단  조선의 왕과 왕의 가족은 어디에 살았을까요? 그곳은 바로 궁궐이에요. 궁궐에는 왕과 왕의 가족이 생활하는 데 불편함이 없도록 **시중**을 드는 많은 관리도 살았어요. 그런데 그들이 모두 한 궁궐에서만 살지는 않았어요. 조선 시대에는 건물 수리, 화재, 전쟁, 왕의 개인적인 욕심 등으로 여러 궁궐이 지어졌고, 왕과 왕의 가족, 관리들은 상황에 따라 궁궐을 옮겨 다니며 지냈어요.

2 문단  조선 시대에는 경복궁, 창덕궁, 덕수궁 등의 궁궐이 지어졌어요. 경복궁은 조선의 궁궐 중 첫 번째로 지어졌어요. 조선을 상징하는 으뜸 궁궐로, '경복'은 '큰 복을 **누리라**'라는 뜻이에요. 임진왜란 때 불타 없어졌다가 고종 때 흥선 대원군이 다시 세웠어요. 일제 강점기 일본이 경복궁 안 대부분을 헐고 그 자리에 **조선 총독부** 건물을 세우기도 했지요. 창덕궁은 경복궁의 동쪽에 **이궁**으로 지은 궁궐이에요. 조선의 왕들은 경복궁보다 창덕궁에서 지내는 것을 더 좋아했어요. 그래서 창덕궁은 조선의 궁궐 중 왕이 가장 오랫동안 머무른 궁궐이에요. 창덕궁은 건물들이 자연과 잘 어우러져 아름다움을 인정받아 유네스코 세계 유산에 등재되었어요. 덕수궁은 원래는 경운궁으로 불리다가 대한 제국 시기에 이름이 바뀌었어요. 덕수궁에는 다른 궁궐에서는 볼 수 없는 서양식 건물인 정관헌과 석조전이 있어요. 1905년 덕수궁 중명전에서는 일본이 대한 제국의 외교권을 빼앗은 을사늑약이 강제로 맺어졌지요. 이처럼 덕수궁은 슬픈 이야기가 담겨 있는 곳이기도 하답니다.

**창덕궁**

현재까지 남아 있는 조선의 궁궐 중 원래의 모습이 가장 잘 보존된 궁궐이에요.

**덕수궁**

조선의 궁궐 중 가장 작은 궁궐이에요.

• **시중** 다른 사람 옆에서 여러 가지 심부름을 하는 일을 말해요.
• **누리다** 생활 속에서 마음껏 즐기거나 맛보는 것을 말해요.
• **조선 총독부** 일본이 일제 강점기에 우리나라를 지배하려고 설치했던 최고의 식민 통치 기구예요.
• **이궁** 왕이 나들이 때에 머물던 별궁이에요.

오늘의 날짜　　　　　　월　　　　　일

**1** 이 글의 중심 낱말로 알맞은 것은 무엇인가요?　　　　　　　　　　( 　　　 )

중심 낱말

① 궁궐　　　　　　　　② 무기　　　　　　　　③ 조선 총독부

**2** 1 문단 , 2 문단 의 중심 내용을 알맞게 줄로 이으세요.

중심 내용

1 문단　•

2 문단　•

　　　•　조선의 왕과 왕의 가족은 궁궐에 살았어요.

　　　•　조선 시대에는 경복궁 등의 궁궐이 지어졌어요.

**3** 이 글의 내용으로 알맞은 것은 무엇인가요?　　　　　　　　　　( 　　　 )

세부 내용

① 덕수궁은 조선의 궁궐 중 첫 번째로 지어졌어요.

② 창덕궁은 유네스코 세계 유산으로 등재되었어요.

③ 조선 시대 왕과 왕의 가족은 한 궁궐에서만 살았어요.

**4** 이 글의 내용을 요약했어요. ㉠, ㉡에 들어갈 알맞은 낱말을 이 글에서 찾아 쓰세요.

내용 요약

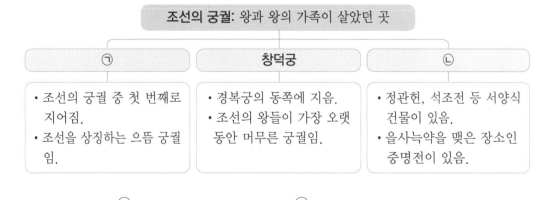

| 조선의 궁궐: 왕과 왕의 가족이 살았던 곳 | | |
| --- | --- | --- |
| ㉠ | 창덕궁 | ㉡ |
| • 조선의 궁궐 중 첫 번째로 지어짐.<br>• 조선을 상징하는 으뜸 궁궐임. | • 경복궁의 동쪽에 지음.<br>• 조선의 왕들이 가장 오랫동안 머무른 궁궐임. | • 정관헌, 석조전 등 서양식 건물이 있음.<br>• 을사늑약을 맺은 장소인 중명전이 있음. |

㉠ _____　　　㉡ _____

🍵 오늘의 **한** 문장 정리

조선의 왕과 왕의 가족은 여러 _____ 에서 생활했어요.

**2일차**
카드뉴스

# 오늘날 만나는 조선의 모습

궁궐과 사당에서 펼쳐지는 문화 행사 안내

**01** 창덕궁, 경복궁 야간 개장 (5~6월)

▶ 장소: 창덕궁 돈화문 앞, 경복궁 광화문 앞
▶ 달빛과 별빛 아래 궁궐 산책을 해 보세요.

**02** 덕수궁 음악회 (3~6월)

▶ 장소: 덕수궁 석조전 앞
▶ 궁궐과 어울리는 아름다운 음악을 감상하세요.

**03** 궁궐 수비대 공연 (6월)

▶ 장소: 경복궁 협생문 앞
▶ 궁궐을 지키던 수비대가 무술 실력을 뽐냅니다.

**04** 종묘 제례 (9월)

▶ 장소: 종묘 정전 앞
▶ 종묘 제례악이 함께 연주됩니다.

**05** 과거제 재현 행사 (10월)

▶ 장소: 경복궁 근정전 앞
▶ 조선의 과거 시험 현장을 생생하게 보여 드립니다.

오늘의날짜    월    일

**1** 이 카드뉴스의 내용으로 맞으면 ○표, 틀리면 ×표 하세요.

(1) 4월에 열리는 문화 행사는 없어요.　　　　　　　( 　　　 )
(2) 5월에 창덕궁에는 저녁에도 들어갈 수 있어요.　　( 　　　 )

**2** 이 카드뉴스에 나온 궁궐과 문, 건물을 알맞게 줄로 이으세요.

| 경복궁 • | | • 석조전 |
|---|---|---|
| 덕수궁 • | | • 광화문 |
| 창덕궁 • | | • 돈화문 |

3주

**3** 이 카드뉴스에서 음악회가 열리는 궁궐을 찾아 ○표 하세요.

| 경복궁 | 덕수궁 | 창덕궁 |
|---|---|---|

**4** 경복궁에서 열리는 행사가 <u>아닌</u> 것은 무엇인가요?　　　　( 　　　 )

①
◎ 종묘 제례 의식을 치르는 모습

②
◎ 수비대가 무술을 겨루는 모습

③
◎ 한복을 입고 과거를 보는 모습

# 3일차 글

지문분석 동영상강의

## 조선 왕의 무덤은 어떻게 생겼을까요?

**세종대왕릉(여주 영릉)**
• 장소: 경기도 여주시
• 특징: 조선의 제4대 왕인 세종과 그 왕비 소헌 왕후가 함께 묻힌 무덤임.

**1 문단** 궁궐이 왕이 살아 있을 때 지낸 곳이라면, 왕릉은 왕이 죽은 후에 머무는 집이라고 할 수 있어요. 조선 왕릉은 조선의 27명의 왕과 그 왕비 등의 무덤을 통틀어 이르는 말이에요. 조선은 왕실의 권위를 높이고 조상에 대한 예의를 갖추기 위해 유명한 건축가와 많은 사람을 동원하여 땅의 기운이 가장 좋은 곳에 정성을 들여 왕릉을 만들었어요. 조선의 왕들은 이렇게 만든 왕릉에 **정기적**으로 가서 제사를 지냈어요. 그래서 대부분의 왕릉을 왕이 머무는 한양과 가까운 곳에 만들어 하루 사이에 다녀올 수 있도록 했어요.

**2 문단** 조선 왕릉은 제사 의식에 따라 제사를 준비하는 공간, 제사를 지내는 공간, 왕릉의 주인인 죽은 왕이 머무는 공간으로 이루어져 있어요. 세 공간은 홍살문과 정자각을 기준으로 나누어져 있어요. 홍살문의 바깥쪽은 제사를 준비하는 장소인 재실이 있고, 홍살문의 안쪽에는 제사를 지내는 정자각이 있어요. 정자각 뒤 높은 언덕에는 왕의 무덤이 있는데, 무덤 앞에는 무덤을 지키는 호랑이, 양 등 동물과 신하의 모습을 한 **석상**이 있어요. 또, 무덤 바로 앞에 거대한 돌인 혼유석이 있어요. 무덤 안으로 들어가기 위해서는 이 돌을 옮겨야 하는데, 아주 무겁기 때문에 들어 올리려면 많은 사람이 필요했어요. 이 돌이 조선 왕릉이 오늘날까지 **도굴**당하지 않고 잘 보존될 수 있도록 매우 중요한 역할을 한 것이지요. 조선 왕릉은 세계적으로도 뛰어난 가치를 인정받아 유네스코 세계 유산에 등재되었어요.

△ 하늘에서 본 조선 왕릉

○ **홍살문**

○ **혼유석**

• **정기적** 기한이나 기간이 일정하게 정해져 있는 것을 말해요.
• **석상** 돌을 조각하여 만든 사람이나 동물 모습의 장식품을 말해요.
• **도굴** 무덤 속에 있는 유물을 불법적으로 몰래 파내는 짓을 말해요.

**1** 이 글의 중심 낱말로 알맞은 것은 무엇인가요?                    (          )

중심 낱말   ① 궁궐                    ② 왕릉                    ③ 재실

**2** 1문단 , 2문단 의 중심 내용을 알맞게 줄로 이으세요.

중심 내용

1문단   ·

· 조선 왕릉은 제사 의식에 따라
공간이 나누어져 있어요.

2문단   ·

· 조선 왕릉은 조선 왕실의 무덤으로,
정성을 다해 만들었어요.

**3** 조선 왕릉에서 제사를 준비하는 장소로 알맞은 것을 찾아 ○표 하세요.

세부 내용

재실          정자각          홍살문

**4** 다음 질문에 대한 대답으로 알맞은 것은 무엇인가요?                    (          )

내용 추론

조선 왕릉이 오늘날까지 도굴당하지 않고 잘 보존될 수 있었던 까닭은 무엇인가요?

① 무덤 바로 앞에 아주 무거운 돌이 있기 때문에
② 조선 왕릉이 유네스코 세계 유산에 등재되었기 때문에
③ 대부분의 조선 왕릉이 한양과 가까운 곳에 있기 때문에

오늘의 **한** 문장 정리

**조선 왕릉은 _____ 의식에 따라 만든 조선 왕과 왕비 등의 무덤이에요.**

# 3일차
## 신문기사

# 영릉, 옛 모습으로 다시 태어나다

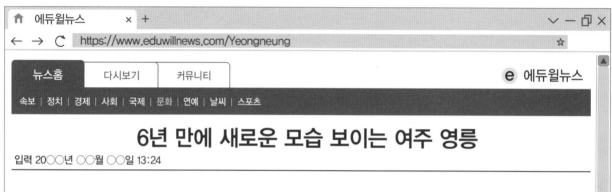

🏠 에듀윌뉴스    ✕   +

← → C   https://www.eduwillnews.com/Yeongneung    ☆

| 뉴스홈 | 다시보기 | 커뮤니티 | | e 에듀윌뉴스 |

속보 | 정치 | 경제 | 사회 | 국제 | 문화 | 연예 | 날씨 | 스포츠

## 6년 만에 새로운 모습 보이는 여주 영릉

입력 20○○년 ○○월 ○○일 13:24

우리 역사 속 최고의 **성군**으로 평가받는 세종과 그의 아내인 소헌 왕후가 함께 묻혀 있는 여주 영릉이 6년여간의 **정비**를 거의 마쳤다. '영릉 원래 모습 찾기' 정비 사업은 조선 왕릉이 유네스코 세계 유산으로 등재된 것을 기념하기 위해 **실시되었다**.

이번 공사로 살아 있는 왕이 다니는 길과 죽은 왕의 영혼이 다니는 길로 이루어진 참도가 제 모습을 찾았다. 또, 제사를 준비하는 곳인 재실도 원래 있던 자리에 새로 지었다. 금천교를 지나 정자각으로 가는 입구에 있는 홍살문도 색이 벗겨진 부분을 다시 칠해 원래의 붉은색을 찾게 되었다.

문화재청은 아직은 영릉을 **개방할** 수 없지만, 공사가 완전히 마무리되는 대로 모든 국민이 새로운 영릉의 모습을 볼 수 있도록 공개할 것을 약속했다.

○ 여주 영릉 안내도

- 성군 어질고 덕이 뛰어난 왕을 말해요.
- 정비 도로나 시설이 제 기능을 하도록 정리하는 것을 말해요.
- 실시되다 어떤 일이나 법, 제도 등이 실제로 행해지는 것을 말해요.
- 개방하다 문이나 공간을 열어 자유롭게 드나들고 이용하게 하는 것을 말해요.

오늘의 날짜          월          일

**1** 여주 영릉에 묻혀 있지 <u>않은</u> 사람은 누구인가요?          (          )

① 세종                    ② 정조                    ③ 소헌 왕후

**2** 이 기사의 내용으로 맞으면 ○표, 틀리면 ×표 하세요.

⑴ 정자각으로 가는 입구에 홍살문이 있어요.                    (          )

⑵ 조선 왕릉은 유네스코 세계 유산에 등재되었어요.          (          )

⑶ 여주 영릉은 공사가 마무리되지 않은 채 국민에게 공개되었어요. (          )

**3** 다음 (          ) 안에 들어갈 알맞은 낱말을 골라 ○표 하세요.

여주 영릉에는 살아 있는 왕이 다니는 길과 죽은 왕의 영혼이 다니는 길로 이루어진 ( 참도 , 금천교 )가 있어요.

**4** 여주 영릉 안내도에서 조선의 왕이 묻혀 있는 곳으로 알맞은 것은 무엇인가요?

(          )

① ㉠                    ② ㉡                    ③ ㉢

# 조선 사람들은 어떻게 시간과 계절을 알았을까요?

**국립 고궁 박물관**
- 위치: 서울특별시 종로구
- 특징: 측우기, 앙부일구, 자격루 등 세종 때 만들어진 과학 기구들을 볼 수 있음.

1문단 조선 세종 때는 과학 기술이 크게 발전하여 다양한 과학 기구들이 발명되었어요. 먼저 해의 움직임에 따라 시간을 보는 앙부일구가 만들어졌어요. 앙부일구는 '솥뚜껑을 뒤집어 놓은 듯한 모습을 한 해시계'란 뜻으로, 세종이 중심이 되어 만든 과학 기구예요. 앙부일구에는 **십이지신** 그림이 새겨져 있어 글을 모르는 백성들도 사용할 수 있었어요. 그런데 앙부일구는 흐린 날이나 밤에는 사용할 수 없었지요. 이 문제를 해결하기 위해 노비 출신의 과학자 장영실이 세종의 명을 받아 자격루라는 물시계를 만들었어요. 앙부일구와 자격루를 발명한 조선은 시간을 정확하게 알 수 있게 되었어요.

🔺 앙부일구

2문단 세종 때 만들어진 과학 기구에는 해와 달, 별의 움직임을 읽는 **천체** 관측 기구인 혼천의와 간의도 있어요. 또, 조선은 **강우량**을 측정하는 기구인 측우기를 발명하여 각 지역의 강우량을 재는 데 사용하였어요. 여러 과학 기구의 발명으로 백성들은 일상생활에서 **절기**와 계절을 알 수 있게 되었고, 이는 농사짓는 데 큰 도움을 주었어요.

📍 **자격루(복원)**

자격루는 시간을 자동으로 알려 주는 자동 시간 알림 장치가 있는 물시계예요. 두 시간에 한 번씩 하루에 열두 번 종, 북 등을 쳐서 시간을 알려 주었어요.

◀ 혼천의

◀ 간의(복원)

◀ 측우기(복원)

- 십이지신 땅을 지키는 12마리의 동물 수호신이에요.
- 천체 우주에 있는 모든 물체로, 행성, 위성, 혜성 등을 통틀어 이르는 말이에요.
- 강우량 일정한 기간 동안 한곳에 내린 비의 양을 말해요.
- 절기 계절을 구분하려고 한 해를 스물넷으로 나눈 것이에요.

오늘의 날짜          월          일

**1**
중심 낱말

이 글의 중심 낱말로 알맞은 것은 무엇인가요?          (          )

① 농사                    ② 달력                    ③ 과학 기구

**2**
중심 내용

1 문단 , 2 문단 의 중심 내용을 알맞게 줄로 이으세요.

3주

1 문단 •

• 조선 사람들은 앙부일구와 자격루를
통해 시간을 알았어요.

2 문단 •

• 세종 때 만들어진 과학 기구는 백성들의
생활에 큰 도움을 주었어요.

**3**
세부 내용

이 글의 내용으로 맞으면 ○표, 틀리면 ×표 하세요.

(1) 자격루는 비가 내린 양을 측정하는 기구예요.          (          )

(2) 앙부일구에는 십이지신 그림이 새겨져 있어요.          (          )

(3) 측우기는 백성들이 농사를 짓는 데 도움을 주었어요.          (          )

**4**
어휘 표현

다음 ㉠, ㉡에 들어갈 알맞은 낱말을 이 글에서 찾아 쓰세요.

• (     ㉠     )은/는 해의 움직임에 따라 시간을 보는 해시계예요.

• (     ㉡     )와/과 간의는 해, 달, 별 등 천체를 관측하는 과학 기구예요.

㉠ _____          ㉡ _____

☕ 오늘의 **한** 문장 정리

**세종 때 발명된 과학 기구는 백성이 _____ 짓는 데 큰 도움을 주었어요.**

**4일차**
온라인
박물관

# 시대를 앞서간 조선의 알람 시계

QR코드를 찍어
조선의 시계에 대해
알아보아요.

🔒 10:10 🛜                                                          100% 🔋

☰  [특별전시 안내]   **조선, 시간을 답하다**

① 앙부일구, 해에게 시간을 묻다
② 자격루, 물에게 시간을 묻다
③ 일성정시의, 해와 별에게 시간을 묻다

## ② 자격루, 물에게 시간을 묻다

● **제작한 때:** 조선 시대
● **제작에 참여한 사람:** 세종이 명하여 장영실을 중심으로 만들었다.
● **자격루의 특징:** 그림자로 해의 위치를 **파악해야** 해서 낮에만 사용할 수 있는 해시계인 앙부일구의 단점을 보완한 물시계이다. 지키고 있는 사람이 없어도 때가 되면 저절로 시간을 알려 주는 기능을 더하였다.
● **자격루의 뜻:** 스스로 치는 시계
● **자격루의 역할**
  (1) 도성의 성문을 열고 닫는 시간을 알려 주었다.
  (2) 아침, 점심, 저녁 때를 알려 주었다.

물 항아리    막대

쇠구슬

종, 북, 징을
치는 인형

물통

🔺 **새롭게 복원한 자격루**

**자격루의 원리 알아보기**

(1) 물 항아리에서 흘러내린 물이 물통으로 들어가면 물이 차오르면서 막대가 떠올라 위쪽의 쇠구슬을 떨어뜨린다.
(2) 쇠구슬이 떨어지는 힘이 전해지면 나무 인형들이 종, 북, 징을 쳐서 자동으로 시간을 알려 준다.

• **파악하다** 어떤 일이나 대상의 내용이나 상황을 확실하게 이해하여 아는 것을 말해요.

오늘의날짜          월          일

**1** 자격루는 어떤 시계인지 이 전시에서 찾아 ○표 하세요.

| 물시계 | 해시계 | 초침 시계 |

**2** 이 전시의 내용으로 알맞은 것은 무엇인가요?          (          )

① 자격루는 도성의 성문을 여는 시간만 알려 줘요.

② 자격루는 때가 되면 사람이 직접 알림 장치를 울려요.

③ 자격루는 앙부일구의 단점을 보완하여 만들어졌어요.

**3** 이 전시에 나타난 자격루의 뜻으로 알맞은 것은 무엇인가요?          (          )

① 스스로 치는 시계

② 전기로 움직이는 시계

③ 사람이 직접 치는 시계

**4** 자격루에서 자동으로 시간을 알려 주는 장치가 있는 곳을 찾아 ○표 하세요.

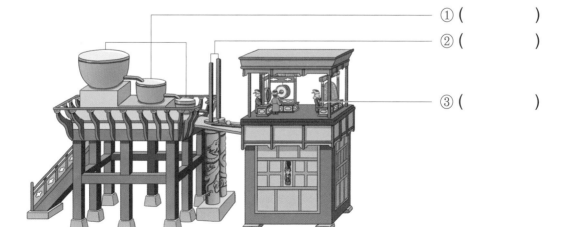

① (          )

② (          )

③ (          )

# 5일차 글

지문분석 동영상강의

# 한글은 어떻게 만들어졌을까요?

**국립 한글 박물관**
- 위치: 서울특별시 용산구
- 특징: 훈민정음을 만드는 과정과 훈민정음의 원리 등을 알아보고, 『훈민정음해례본』 등 다양한 자료를 볼 수 있음.

**1문단** 조선 시대 이전까지 우리나라 사람들은 중국의 한자로 글을 적었어요. 그런데 한자는 하루하루 먹고살기 바쁜 백성들이 배우기에는 너무 어려운 글자였어요. 한자는 글자 모양이 복잡하고 그 수도 많아서 백성들이 외우기에 매우 힘들었지요. 세종은 백성들이 글을 제대로 알지 못해 억울한 일을 당하는 것을 안타깝게 여겼어요. 그래서 누구나 쉽게 배우고 쓸 수 있는 '훈민정음', 즉 한글을 만들었어요. 훈민정음은 '백성을 가르치는 바른 소리'라는 뜻으로, 백성을 생각하는 세종의 마음이 담겨 있어요.

**2문단** 훈민정음이 세상에 나오기까지는 어려움이 많았어요. 왜냐하면 일부 신하들이 훈민정음을 만들고 널리 알리는 일에 반대했기 때문이에요. 그들은 "중국은 조선보다 큰 나라이므로 한자만 써야 합니다. 중국과 다른 글자를 만들어 쓰는 일은 절대 있을 수 없습니다."라고 했지요. 그래도 세종은 백성들을 생각하는 뜻을 **굽히지** 않고 노력했어요.

**3문단** 훈민정음은 과학적 원리에 따라 만든 독창적인 글자예요. 훈민정음은 혀의 위치, 입술과 목구멍의 모양에서 글자를 만드는 원리를 찾았고, 하늘과 땅, 사람의 모양 등을 **본떠서** 만들었어요. 훈민정음 28자만 배우면 글자들을 합쳐 소리를 받아 적고 글도 쓸 수 있었어요. 그래서 배우기도 쉽고 세상의 거의 모든 소리를 적을 수 있지요. 훈민정음이 만들어진 덕분에 당시 교육을 받기 힘들었던 여성과 노비도 글자를 알 수 있게 되었어요.

📍『훈민정음해례본』

훈민정음을 만든 까닭, 소리가 나는 원리, 훈민정음을 활용하는 방법 등이 쓰여 있어요.

- **굽히다** 자신의 뜻이나 의견, 주장 등을 꺾고 남을 따르는 일을 말해요.
- **본뜨다** 이미 있는 것을 그대로 따라서 만드는 것을 말해요.

오늘의날짜          월          일

**1**
중심 낱말

이 글의 중심 낱말로 알맞은 것은 무엇인가요?                    (          )

① 소리                    ② 한자                    ③ 훈민정음

**2**
중심 내용

, ,  의 중심 내용을 알맞게 줄로 이으세요.

 ·

 ·

 ·

· 일부 신하들은 훈민정음을 만들고 알리는 일에 반대했어요.

· 훈민정음은 과학적 원리에 따라 만들어졌어요.

· 세종은 백성들을 위해 훈민정음을 만들었어요.

**3**
세부 내용

이 글의 내용으로 알맞지 <u>않은</u> 것은 무엇인가요?                    (          )

① 훈민정음은 누구나 쉽게 배우고 쓸 수 있었어요.
② 훈민정음은 바다와 땅, 사람의 모양 등을 본떠서 만들었어요.
③ 훈민정음은 세상의 거의 모든 소리를 적을 수 있는 글자예요.

**4**
내용 추론

세종이 훈민정음을 만들고자 한 까닭으로 알맞은 것을 찾아 ○표 하세요.

| 조선을 중국보다 큰 나라로 키우기 위해서 | 백성들이 글을 배워 억울한 일을 당하지 않게 하기 위해서 |

 오늘의 **한** 문장 정리

훈민정음은 누구나 배우기 쉽고, 세상의 거의 모든 ＿＿＿＿＿＿＿를 적을 수 있는 글자예요.

## 5일차 SNS

# 거센 반대의 소리를 뚫고 나온 훈민정음

**최만리(manli)** 오늘 훈민정음 창제에 반대하는 글을 전하께 올렸다. 조선은 유교 예절에 따라 중국을 조선보다 큰 나라로 여기기 때문에 중국과 같은 글자를 쓴다. 따라서 중국의 글자와 다른 훈민정음을 만들어 쓰면 유교 예절에 맞지 않는다. 게다가 조선이 **오랑캐**라고 부르는 몽골, 여진 등은 자신들만의 글자를 쓰고 있다. 훈민정음을 만들어 쓴다면 이들과 같아지는 것이다.

▼ 댓글 1개

**성삼문(3moon)** 백성들을 생각하는 전하의 깊은 뜻을 왜 모르십니까?

**최만리(manli)** 일부 동료 신하들이 날 지지해 주고 있다. 백성들이 억울한 일을 당하는 까닭은 백성들이 글을 몰라서가 아니라, 나라를 잘못 **운영했기** 때문이다. 백성들에게 필요한 것은 글이 아니라 먹을 식량이다. 전하께서 부디 나의 뜻을 헤아려 주시기를…….

▼ 댓글 2개

**세종(sejong)** 훈민정음이 무슨 뜻인지는 아시오? 훈민정음은 [ (가) ] 누구든 훈민정음 28자만 배우면 글을 깨치게 될 것이오.

**정인지(jeonginz)** 제가 쓴 『훈민정음해례본』의 서문을 읽으면 생각이 달라질 것입니다.

---

 창제 전에 없던 것을 처음으로 만드는 것을 말해요.

· 오랑캐 언어나 풍습 따위가 다른 이민족을 낮잡아 이르는 말로, 다른 민족을 침략한 야만적인 종족이라는 의미로 쓰여요.

· 운영하다 조직이나 기구를 관리하고 이끌어 나가는 것을 말해요.

**1** 이 SNS에 참여하지 <u>않은</u> 인물을 찾아 ○표 하세요.

| 세종 | 장영실 | 정인지 |

**2** 이 SNS의 내용으로 알맞은 것은 무엇인가요?                    (          )

① 몽골과 여진도 중국과 같은 글자를 썼어요.

② 성삼문은 최만리의 생각에 동의하고 있어요.

③ 최만리는 백성들에게 중요한 것은 글보다 식량이라고 생각했어요.

**3** 최만리가 훈민정음 창제를 반대하는 까닭으로 알맞은 것은 무엇인가요? (          )

① 유교 예절에 어긋나는 일이기 때문에

② 자신이 새로운 글자를 만들려고 했기 때문에

③ 세종이 유교보다 불교를 더 중요하게 생각했기 때문에

**4** 이 SNS의 (가)에 들어갈 알맞은 말은 무엇인가요?                    (          )

① 백성을 가르치는 바른 소리요.

② 지방에 사는 사람들이 쓰는 사투리요.

③ 중국에서 들어온 한자와 똑같은 소리요.

밑줄 친 낱말의 뜻을 알맞게 줄로 이으세요.

종묘는 역대 왕과 왕비에게
제사를 지냈던 <u>사당</u>이에요.

무덤 속에 있는 유물을
불법적으로 몰래 파내는 짓

혼유석은 왕릉이 오늘날까지
<u>도굴</u>당하지 않도록 했어요.

다른 사람 옆에서
여러 가지 심부름을 하는 일

궁궐에는 <u>시중</u>을 드는
관리도 살았어요.

어질고 덕이 뛰어난 왕

세종은 우리 역사 속 최고의
<u>성군</u>으로 평가받아요.

조상의 이름 등을 적은
신주를 모셔 놓은 집

측우기는 <u>강우량</u>을 측정하는
과학 기구예요.

전에 없던 것을
처음으로 만드는 것

최만리는 훈민정음 <u>창제</u>에
반대하는 글을 올렸어요.

일정한 기간 동안 한곳에
내린 비의 양

오늘의 날짜          월          일

**2** 밑줄 친 낱말과 뜻이 비슷한 낱말을 〈보기〉에서 찾아 빈칸에 쓰세요.

〈보기〉

| 알다 | 위험하다 | 이끌다 | 이루어지다 | 지내다 |

(1) 영릉의 원래 모습을 찾기 위한 사업이 **실시되었어요**.
어떤 일이나 법, 제도 등이 실제로 행해지다.

(2) 해시계는 그림자로 해의 위치를 **파악하여** 시간을 읽어요.
어떤 일이나 대상의 내용이나 상황을 확실하게 이해하다.

(3) 보신각은 **위급한** 상황을 알리는 종을 보호하는 시설이에요.
몹시 위태롭고 급하다.

(4) 창덕궁은 조선의 궁궐 중 왕이 가장 오래 **머무른** 궁궐이에요.
도중에 멈추거나 일시적으로 어떤 곳에 묵다.

(5) 최만리는 나라를 잘못 **운영하면** 억울한 백성이 생긴다고 했어요.
조직이나 기구를 관리하다.

**3** 다음 문장의 밑줄 친 낱말을 바르게 고쳐 빈칸에 쓰세요.

(1) 세종은 뜻을 **굽이지** 않고 훈민정음을 만들었어요.

(2) 경복궁 근정전에서는 과거 시험을 **제현**하는 행사를 해요.

(3) 혼천의는 해와 달, 별의 움직임을 읽는 **천채** 관측 기구예요.

(4) 앙부일구는 **소뚜껑**을 뒤집어 놓은 듯한 모습을 하고 있어요.

(5) 한양은 사방이 산으로 **둘러쌓여** 외적을 방어하기에 좋았어요.

3주

# 4주

## 1일

### 경국대전

세조 때 만들기 시작해
성종 때 완성한
조선의 기본 법전이에요.

## 2일

### 서원

지방 선비들이 세운
학교로, 유학을 공부하고
조상에게 제사를 지냈어요.

**1455년**
조선, 세조 즉위

**1485년**
성종, 『경국대전』 완성

**1543년**
백운동 서원 설립

연표를 따라가며 **4주차**에 만날 문화유산의
이름과 **특징**을 살펴보세요.

**3일**

## 조선의 무기

조선은 총통, 화차 등
화약 무기를 사용해
외적의 침입을 물리쳤어요.

**1592년**
임진왜란(~1598)

**4일**

## 남한산성

병자호란 때 인조와
일부 신하들이 피신하여
청나라와 맞서 싸운 곳이에요.

**1636년**
병자호란

**5일**

## 조선의 도자기

조선은 분청사기, 순백자,
청화 백자 등 다양한
도자기를 만들었어요.

**17~18세기 추정**
백자 달항아리 제작

# 1일차
## 글

지문분석 동영상강의

# 조선을 다스리는 기준이 된 법은 무엇일까요?

**서울 역사 박물관**
- 위치: 서울특별시 종로구
- 특징: 『경국대전』의 일부가
  보관되어 있음.

**1 문단** 조선은 나라를 **체계적**으로 다스리고 사회 질서를 유지하기 위해서 법을 만들고자 했어요. 고려 시대에도 법이 있었지만 중국의 법을 따랐기 때문에 고려 사회와 맞지 않는 부분이 많았어요. 이러한 이유로 조선이 만든 **법전**이 바로 『경국대전』이에요. 『경국대전』은 조선 초기의 법전을 모아 조선의 제7대 왕인 세조 때 만들기 시작해서 제9대 왕인 성종 때 완성했어요. 『경국대전』은 조선 **왕조** 500여 년 동안 나라를 다스리는 기본 법전의 역할을 했어요.

**2 문단** 『경국대전』의 내용은 나라를 운영하는 조직과 관련이 있어요. 당시 조선은 나라를 운영하는 조직을 6개로 나누어 두었어요. 이에 따라 『경국대전』도 6개 영역으로 나누어졌지요. 이 6개 영역은 각각 이전, 호전, 예전, 병전, 형전, 공전이라고 불러요. 조선의 모든 정책은 이 6개 영역에 따라 이루어졌어요.

| 이전 | 왕실과 관리의 조직에 관한 법 | 호전 | 나라를 운영하는 돈에 관한 법 |
|---|---|---|---|
| 예전 | 교육, 결혼, 제사 등에 관한 법 | 병전 | 군사 제도에 관한 법 |
| 형전 | 재판, 형벌에 관한 법 | 공전 | 도로, 건축 등 산업에 관한 법 |

**3 문단** 조선에서는 나라를 다스리는 최고 조직인 의정부와 6조는 물론, 각 지방의 고을에서도 모든 일을 『경국대전』에 따라 처리했어요. 백성들도 집이나 땅을 사고팔 때, 재산을 **상속할** 때, 결혼할 때 등 일상생활에서 『경국대전』의 법을 따라야 했어요.

**◎ 고려와 조선의 법**

고려의 법은 죄인을 다스리는 내용이 중심이었어요. 이에 반해 조선 시대 『경국대전』의 법은 정치, 경제, 사회, 문화의 기본 규범을 담은 종합적인 법이에요.

- **체계적** 전체가 일정한 원리에 따라 단계적으로 잘 짜여진 것을 말해요.
- **법전** 나라에서 만든 법의 내용이 기록된 책을 말해요.
- **왕조** 같은 집안에서 난 왕들의 계열 또는 그 왕들이 다스리는 시대를 말해요.
- **상속하다** 사람이 죽은 후에 그 사람의 재산을 넘겨주거나 넘겨받는 것을 말해요.

오늘의 날짜       월       일

**1**
중심 낱말

이 글의 중심 낱말로 알맞은 것은 무엇인가요?          (          )

① 헌법                ② 경국대전                ③ 훈민정음

**2**
중심 내용

1문단 , 2문단 , 3문단 의 중심 내용을 알맞게 줄로 이으세요.

1문단 ·                              · 조선의 모든 정책은 『경국대전』의 6개 영역에 따라 이루어졌어요.

2문단 ·                              · 『경국대전』은 조선을 다스리는 기본 법전의 역할을 했어요.

3문단 ·                              · 조선 백성들은 일상생활에서 『경국대전』의 법을 따라야 했어요.

**3**
내용 추론

다음 질문에 대한 대답으로 알맞은 것을 찾아 ○표 하세요.

조선이 사회 질서를 유지하기 위해 한 일은 무엇인가요?

법을 만들었어요.          전쟁을 일으켰어요.          궁궐을 지었어요.

**4**
세부 내용

이 글의 내용으로 알맞은 것은 무엇인가요?          (          )

① 고려 시대에는 법이 없었어요.

② 『경국대전』은 세조 때 완성되었어요.

③ 조선의 각 지방 고을에서도 『경국대전』을 따랐어요.

😊 오늘의 **한** 문장 정리

『경국대전』은 6개의 영역으로 나누어 만든 조선 최고의 _____ 이에요.

# 1일차 동영상

지문분석 동영상강의

# 유교가 바탕이 된 경국대전

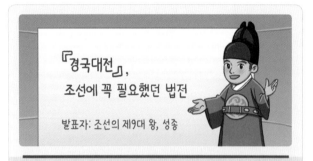

**1** 오늘은 제가 완성한 『경국대전』에 대해 말씀드리겠습니다. 세조 임금님 때부터 만들기 시작한 『경국대전』은 조선의 큰 사업이었습니다. 『경국대전』은 백성을 다스리는 기준이 되어 유교적 사회 질서를 유지하는 데 중요한 역할을 했습니다.

0:15/10:25

**2** 『경국대전』은 이전, 호전, 예전, 병전, 형전, 공전의 6개 영역으로 나뉘어 있습니다. 이 영역들은 나라의 중요한 일을 나누어 담당한 6조와 관련됩니다. 6조는 오늘날 대한민국의 법무부, 국방부, 교육부 등과 같은 역할을 했지요.

2:45/10:25

**3** 이것은 '이전'과 '호전'에 대한 그림입니다. '이전'에서는 관리들의 출퇴근 시간을 정해 놓았어요. 아침 5~7시에 출근해 저녁 5~7시에 퇴근하는 것이 원칙이었지요. 다음으로 '호전'에는 집이나 땅을 사고팔 때 할 일이나 백성들의 **호적**에 대한 내용 등이 담겨 있었습니다.

4:45/10:25

**4** 당시 조선에서 남자는 15세 이상, 여자는 14세 이상이 되어야 결혼을 할 수 있었는데, 이 법은 '예전'에 있었습니다. 그리고 '형전'에는 **반란**죄를 제외하고는 자식이 부모의 죄를 고발할 경우 자식을 처벌한다는 등의 내용이 있었답니다.

8:30/10:25

• 호적 한 집안의 주인을 중심으로 그 집의 사람들의 신분에 관한 내용을 기록한 공식적인 문서를 말해요.
• 반란 정부나 지도자 등에 반대하여 공격하거나 싸움을 일으키는 것을 말해요.

오늘의날짜          월          일

**1** 『경국대전』을 만들기 시작한 왕은 누구인가요?          (          )

① 성종                    ② 세조                    ③ 세종

**2** 이 동영상의 내용으로 맞으면 ○표, 틀리면 ×표 하세요.

(1) 『경국대전』은 6개 영역으로 나뉘어 있어요.                    (          )

(2) 오늘날에도 조선의 6조와 같은 역할을 하는 곳이 있어요.          (          )

(3) 『경국대전』은 불교적 사회 질서를 유지하는 역할을 했어요.          (          )

4주

**3** 『경국대전』의 각 영역과 내용을 알맞게 줄로 이으세요.

| 이전 | • | | • | 왕실과 관리의 조직에 관한 법 |
| 예전 | • | | • | 재판, 형벌에 관한 법 |
| 형전 | • | | • | 교육, 결혼, 제사 등에 관한 법 |

**4** 『경국대전』의 내용을 그린 그림으로 알맞지 <u>않은</u> 것은 무엇인가요?          (          )

①

🔺 집을 사고 난 후 관청에 보고하는 모습

②

🔺 부모의 죄를 고발하여 잡혀 가는 모습

③

🔺 성인이 되어 고향을 떠나는 모습

# 2일차
## 글

지문분석 동영상강의

# 조선의 학생들이 공부한 곳은 어디일까요?

**안동 도산 서원**
- 위치: 경상북도 안동시
- 특징: 퇴계 이황이 제자를 가르치던 곳으로, 유물 전시관인 '옥진각'에서는 이황이 살아 있을 때 쓴 물건을 볼 수 있음.

**1문단** 조선은 유교를 나라를 다스리는 기본 정신으로 삼았어요. 그래서 학생들에게 유학을 가르치기 위해 한성(한양)과 지방에 학교를 세웠어요. 한성에는 오늘날의 대학교와 비슷한 조선의 최고 교육 기관인 성균관을 세웠어요. 지방에도 나라에서 세운 향교와 지방 선비들이 세운 서원이 있었어요. 지방에 사는 학생들은 어릴 때는 서당에서 공부하다가 향교로 옮겨 더 어려운 학문을 공부했어요. 보다 더 깊이 있게 배우고 싶은 학생들이 간 곳이 바로 서원이랍니다. 서원에서는 유학을 연구하고 공부했으며, 유학의 발전에 **공**을 세운 조상에게 제사를 지냈어요.

**2문단** 나라에서 돈을 지원받으며 발전하던 서원은 조선 후기에 이르러 잘못된 모습이 나타나기 시작했어요. 많은 양반이 개인적으로 서원을 지으면서 서원의 수가 크게 늘어났고, 이에 따라 나라에서 서원에 지원해 주어야 하는 돈도 늘어나게 된 것이지요. 그래서 정작 나라 **살림**에 필요한 돈이 부족해지는 상황이 나타났어요. 또, 서원에서는 조상에게 제사를 지내기 위한 돈으로 백성들에게 많은 세금을 걷는 등 **횡포**도 날로 심해졌어요. 이에 **흥선 대원군**은 백성들의 어려움을 해결하기 위해 다른 서원의 모범이 되는 40여 개의 서원만 남기고 대부분의 서원을 없앴어요. 양반들의 불만이 컸지만 흥선 대원군은 뜻을 굽히지 않았고, 백성들의 큰 호응을 얻었어요.

📍 **영주 소수 서원**

우리나라 최초의 서원은 주세붕이 세운 백운동 서원이에요. '소수 서원'이라는 이름은 조선의 제13대 왕인 명종이 백운동 서원에 현판을 내릴 때 붙은 이름이에요. 안동 도산 서원과 함께 유네스코 세계 유산에 등재되었어요.

- **공** 어떤 일을 이루기 위해 바친 노력과 수고 또는 그 결과를 말해요. '업적'과 비슷한 말이에요.
- **살림** 가정이나 나라의 경제적인 상황을 말해요.
- **횡포** 제멋대로 굴며 매우 난폭한 것을 뜻해요.
- **흥선 대원군** 조선의 제26대 왕인 고종의 아버지로, 왕 이상의 권력을 누린 인물이에요.

오늘의 날짜          월          일

**1**
중심 낱말

2문단 의 중심 낱말로 알맞은 것은 무엇인가요?          (          )

① 서원                    ② 향교                    ③ 성균관

**2**
중심 내용

1문단 , 2문단 의 중심 내용을 알맞게 줄로 이으세요.

1문단 •

• 많은 서원이 문제를 일으키자
흥선 대원군은 대부분의 서원을 없앴어요.

2문단 •

• 조선은 유학을 가르치기 위해
여러 학교를 세웠어요.

4주

**3**
세부 내용

이 글의 내용으로 알맞은 것은 무엇인가요?          (          )

① 서원은 나라에서 돈을 지원받았어요.

② 조선은 불교를 나라의 기본 정신으로 삼았어요.

③ 향교는 조선의 최고 교육 기관으로 한성에 세워졌어요.

**4**
내용 요약

이 글의 내용을 요약했어요. (          ) 안에 들어갈 알맞은 낱말을 각각 골라 ○표 하세요.

서원

• ( 지방 , 한성 )에 세워진 학교로, 유학을 연구하고 공부함.
• 유학의 발전에 공을 세운 조상에게 제사를 지냄.

↓

• 백성들에게 많은 세금을 걷음.
• ( 이황 , 흥선 대원군 )이 40여 개만 남기고 대부분의 서원을 없앰.

 오늘의 **한** 문장 정리

조선 지방의 유학 교육 기관이었던 _____ 은 흥선 대원군이 대부분 없앴어요.

**2일차**
**안내문**

지문분석 동영상강의

중학 역사 2 | 조선의 성립과 발전

# 영주 소수 서원 입학을 축하합니다

## 소수 서원 입학 안내문

영주 소수 서원에서 배움의 뜻을 펼치게 된 것을 축하합니다.
소수 서원은 나라에서 지원을 받아 임금님께서 **현판**을 내리신
최초의 **사액 서원**입니다. 소수 서원의 수업과 생활에 관하여 안내하니,
예비 학생들은 잘 읽어 보기 바랍니다.

### ◆ 수업에 관하여 ◆

**수업 내용**

**소학**
소년들을 위한 유학의 기본서

**사서**
『논어』, 『맹자』, 『중용』, 『대학』

**삼경**
『시경』, 『서경』, 『주역』

**수업 방법**

1 책을 가지고 혼자 공부한 내용을 학생들에게 설명합니다.

2 다른 학생들과 토론합니다.

3 스승님이 평가를 합니다.

**채점 방법**

• '순(純)'이라고 쓰인 것은 시험에 붙은 것입니다.

• '불(不)'이라고 쓰인 것은 시험에 떨어진 것입니다.

• 9개의 시험 중 '불(不)'을 8개 이상 받으면 **퇴학될** 수 있습니다.

### ◆ 생활에 관하여 ◆

• 서원에서 가장 큰 건물인 명륜당에서 수업을 합니다.

• 명륜당의 뒤편에 있는 건물인 일신재와 직방재에서 잠을 자고 각자 공부를 합니다.

• 제사는 매년 봄과 가을에 지냅니다. 사당에 모신 조상님들에게 제사를 지내며 지혜로운 조상님들의 가르침을 **본받고** 지킵니다.

• **현판** 글자나 그림을 새겨서 문 위나 벽에 달아 놓은 판을 말해요. '간판'과 비슷한 말이에요.

• **사액 서원** 왕이 이름을 지어서 새긴 현판을 내린 서원을 말해요. 나라에서는 사액 서원에 서적, 토지, 노비 등도 주었어요.

• **퇴학되다** 학생이 학교에서 내보내져서 더 이상 학교를 다니지 못하게 되는 것을 말해요.

• **본받다** 본보기로 하여 그대로 따라 하는 것을 말해요.

**1** 다음 (        ) 안에 들어갈 알맞은 낱말을 이 안내문에서 찾아 ○표 하세요.

> 영주 소수 서원은 퇴계 이황의 요청으로 나라에서 지원을 받은 최초의 (        )
> 서원이에요. 이는 왕이 이름을 지어서 새긴 현판을 내린 서원을 말해요.

| 도산 | 병산 | 사액 |
|------|------|------|

**2** 이 안내문의 내용으로 맞으면 ○표, 틀리면 ×표 하세요.

(1) 소수 서원에서는 소학과 사서삼경을 배워요.                    (        )

(2) 소수 서원에서 가장 큰 건물은 명륜당이에요.                   (        )

(3) 소수 서원에서는 스승님과 학생 단둘이 수업을 해요.            (        )

**3** 다음 중 소수 서원에서 퇴학될 수 있는 학생은 누구인가요?        (        )

① 9개의 시험 중 8개의 시험에서 '순(純)'을 받은 학생

② 9개의 시험 중 3개의 시험에서 '불(不)'을 받은 학생

③ 9개의 시험 중 8개의 시험에서 '불(不)'을 받은 학생

**4** 소수 서원에 다니는 학생의 일기예요. 빈칸에 들어갈 알맞은 낱말을 이 안내문에서 찾아 쓰세요.

> 푸른 새싹이 돋아나고, 따뜻한 바람이 부는 것을 보니 봄이 왔나 보다. 오늘은
> 사당에 가서 지혜로운 조상님들의 가르침을 본받기 위해 ＿＿＿＿＿＿을/를 지
> 냈다. 학생들과 나는 정성을 다하여 조상님들을 모셨다.

# 3일차 글

# 임진왜란을 승리로 이끈 조선의 무기는 무엇일까요?

**국립 진주 박물관**
• 위치: 경상남도 진주시
• 특징: 조선, 명나라 일본의 무기를 비교한 전시를 보고, 임진왜란의 과정을 알아볼 수 있음.

**1 문단** 조선 전기, 조선군은 전투에서 오늘날의 대포와 비슷한 총통이라는 무기를 사용하였어요. 총통은 화약을 이용해 화살이나 탄환을 발사하는 무기였어요. 이 시기에 일본은 **조총**이라는 개인용 화약 무기를 가지고 있었어요. 일본의 조총은 높은 **정확도**를 지녔지만 짧은 거리에 있는 적에게만 피해를 줄 수 있고, 단 한 발을 발사하기 위해 준비 시간이 너무 오래 걸린다는 단점이 있었어요. 이에 반해 조선의 총통은 조총보다 2~3배는 더 멀리 날아갔고, 한번 발사 준비를 마치면 탄환 100여 발을 쏠 수 있어서 훨씬 **효율적**이었지요.

**2 문단** 임진왜란 초기, 일본군에 거듭 패배하면서 밀리던 조선군은 화약 무기를 본격적으로 사용하면서 **전세**를 조금씩 역전시켜 나갔어요. 행주 대첩에서는 비격진천뢰, 신기전기 화차, 총통기 화차 등을 사용하여 일본군을 물리쳤어요. 비격진천뢰는 폭발과 함께 사방으로 쇳조각이 퍼져 나가 적군에 피해를 준 무기로, 심지의 길이에 따라 폭발하는 시간을 조절할 수 있었어요. 또, 화차는 수십여 개의 화살이나 쇠 탄환을 한꺼번에 쏠 수 있었기 때문에 그 **위력**이 무시무시했지요. 이러한 화약 무기의 사용과 함께 조선군과 의병의 활약, 명나라의 도움 등으로 조선은 임진왜란에서 승리할 수 있었어요.

## 비격진천뢰

## 신기전기 화차

고려 말 최무선의 '주화'를 발전시킨 무기예요. 화살 앞부분에 있는 화약통에 불을 붙이면 화살이 로켓처럼 날아가 적군을 공격했어요.

• **조총** 새를 쏘아 맞혀서 떨어뜨릴 수 있는 총이란 뜻으로, 화약 심지를 이용해 총알을 발사해요.
• **정확도** 바르고 확실한 정도를 말해요.
• **효율적** 들인 노력에 비하여 얻는 결과가 큰 것을 말해요.
• **전세** 전쟁, 경기 등의 형세나 형편을 말해요.
• **위력** 상대방을 꼼짝 못하게 할 만큼 매우 강력한 힘을 말해요.

● 바른답과 도움말 12쪽

**1** 1문단 의 중심 낱말로 알맞은 것은 무엇인가요?                    (            )

중심 낱말

① 대포                    ② 총통                    ③ 화차

**2** 1문단 , 2문단 의 중심 내용을 알맞게 줄로 이으세요.

중심 내용

1문단   •

• 조선군은 화약 무기를
잘 사용하여 임진왜란에서 승리했어요.

2문단   •

• 조선 전기에 조선군은 총통을,
일본은 조총을 주로 사용했어요.

4주

**3** 이 글의 내용으로 맞으면 ○표, 틀리면 ×표 하세요.

세부 내용

(1) 조총은 발사 준비 시간이 오래 걸리지 않아요.                    (            )

(2) 조선은 임진왜란 때 명나라의 도움을 받았어요.                    (            )

(3) 화차는 수십여 개의 화살을 한꺼번에 쏘는 무기예요.                    (            )

**4** 다음 (        ) 안에 들어갈 알맞은 무기는 무엇인가요?                    (            )

어휘 표현

폭발 시간을 조절할 수 있는 (            )을/를 쏘면 멀리 날아가 땅에 떨어져 한참
있으면 불이 그 안에서 일어나 터진다.

①

🔺 신기전기 화차

②

🔺 비격진천뢰

③

🔺 총통

😎 오늘의 **한** 문장 정리

임진왜란 때 조선군은 비격진천뢰, 신기전기 화차 등의 ＿＿＿＿＿＿＿ 무기로 일본군
에 맞서 싸웠어요.

**3일차** 백과사전

# 집중 조명! 조선의 새로운 무기 ★ ★

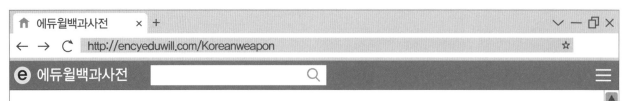

☆ http://encyeduwill.com/Koreanweapon

e 에듀윌백과사전

## 조선의 화약 무기

### 1. 일본군이 가장 두려워한 무기, 비격진천뢰

(1) 특징: 공 모양의 몸통 안에 화약, 쇳조각을 넣어서 만들었어요.

(2) 장점

① 심지의 길이에 따라 폭발하는 시간을 조절할 수 있어요.

• 심지가 길면 늦게 터져요.

• 심지가 짧으면 빨리 터져요.

② 폭발할 때 쇳조각이 사방으로 퍼져 나가 많은 적에 피해를 입힐 수 있어요.

**○ 비격진천뢰의 구조**

### 2. 행주 대첩 승리의 주역, 변이중 화차

(1) 특징: 기존의 총통기 화차에 벽을 설치하고 손잡이를 달아 수레 형태로 만든 화차로, 임진왜란의 3대첩 중 하나인 행주 대첩에서 큰 역할을 했어요.

(2) 장점

① 화차에 설치한 벽이 군사들을 적의 공격으로부터 보호해 줘요.

② 손잡이를 이용하여 자리를 옮겨 가며 공격할 수 있어요.

③ 한 번에 여러 개의 탄환을 쏠 수 있어 많은 적에게 피해를 줄 수 있어요.

**○ 변이중 화차의 외부와 내부**

• 주역 중심이 되는 역할 또는 중심이 되는 역할을 하는 사람을 말해요.

오늘의 날짜        월        일

**1** 이 백과사전의 내용으로 맞으면 ○표, 틀리면 ×표 하세요.

(1) 화차는 움직이면서 사용할 수 없었어요.                    (        )

(2) 행주 대첩은 임진왜란 중 일어난 전투예요.                    (        )

(3) 총통기 화차는 변이중 화차를 발전시킨 무기예요.              (        )

4주

**2** 비격진천뢰의 폭발 시간을 늦추기 위해 할 일로 알맞은 것을 찾아 ○표 하세요.

| 화약의 양을 줄여요. | 심지 길이를 줄여요. | 심지 길이를 늘여요. |

**3** 비격진천뢰와 변이중 화차의 공통점으로 알맞은 것은 무엇인가요?        (        )

① 수레 형태로 만든 무기예요.

② 일본군도 만들어 사용했어요.

③ 한 번에 많은 적에게 피해를 줄 수 있어요.

**4** 변이중 화차와 비슷한 역할을 하는 현대의 무기는 무엇인가요?        (        )

①
🔺 **군용 트럭**  군인, 무기, 식량 등을 싣고 이동하는 수단

②
🔺 **다연장 로켓포**  차량 안에서 여러 개의 로켓탄을 발사하는 무기

③
🔺 **돌격 소총**  이동하면서 연달아 쏠 수 있는 자동 소총

**4일차**
글

# 청나라의 침입에 맞서 조선이 저항한 곳은 어디일까요?

**남한산성**
- 위치: 경기도 광주시
- 특징: 돌로 쌓은 성곽으로, 산길을 따라 구불구불하게 이어져 있음.

📍 **남한산성의 방어 시설**

🔺 **옹성** 적을 쉽게 공격할 수 있도록 밖으로 튀어나와 있는 성벽이에요.

🔺 **장대** 성안의 가장 높은 곳에 지은 지휘소예요.

🔺 **암문** 적의 눈에 띄지 않는 곳에 만든 성문이에요.

**1 문단** 조선은 중국에서 힘을 키우던 후금이라는 나라에 위협을 느끼고 있었어요. 그래서 남한산성을 **전략지**로 삼아 후금의 침입에 대비하려고 했어요. 남한산성이 지금의 모습을 갖추게 된 것도 바로 이때예요. 조선은 남한산성 안에 여러 방어 시설을 지어 전쟁을 치를 준비를 했어요. 이 방어 시설에는 적의 공격으로부터 성문을 지키기 위한 옹성, 적을 **정찰하는** 장대, 적이 눈치채지 못하게 성의 안과 밖을 연결하는 암문 등이 있어요. 또, 왕이 임시로 생활할 수 있는 건물과 관청, 곡식이나 무기 등을 보관할 수 있는 창고 등을 만들어 나라에 위급한 일이 생겼을 때 남한산성에서 왕이 나랏일을 볼 수 있도록 했어요.

**2 문단** 후금은 나라 이름을 청나라로 바꾸고 조선을 쳐들어왔어요. 이 전쟁을 병자호란이라고 해요. 전쟁이 일어나자 인조와 일부 신하들은 남한산성으로 **피신하여** 청나라군에 맞서 싸웠지만, 결국 버티지 못하고 40여 일 만에 항복했어요. 인조는 서울과 남한산성을 이어 주던 삼전도에 가서 청나라 황제를 만났어요. 인조는 왕의 옷이 아닌 일반 백성의 옷을 입고 청나라 황제에게 절을 하는 **굴욕**적인 의식을 치렀어요. 이후 청나라는 자신들의 승리를 오래도록 기념하려고 비석을 세웠는데, 이 비석을 삼전도비라고 해요. 삼전도비는 조선의 안타까운 역사를 보여 주는 비석이랍니다.

- **전략지** 전쟁에서 이기기 위해 중요한 지역을 말해요.
- **정찰하다** 군대에서 적의 움직임이나 지형을 살피는 것을 말해요.
- **피신하다** 위험을 피하여 몸을 숨기는 것을 말해요.
- **굴욕** 다른 사람에게 무시당하거나 하찮게 여겨지는 것을 말해요.

**1** 중심 낱말

1문단 의 중심 낱말로 알맞은 것은 무엇인가요?                    (          )

① 옹성                    ② 남한산성                    ③ 삼전도비

**2** 중심 내용

1문단 , 2문단 의 중심 내용을 알맞게 줄로 이으세요.

1문단 •

2문단 •

• 조선은 후금의 침입에 대비해 남한산성을 정비했어요.

• 병자호란이 일어나 조선은 남한산성에서 청나라에 맞서 싸웠지만 결국 항복했어요.

4주

**3** 세부 내용

이 글의 내용으로 알맞은 것은 무엇인가요?                    (          )

① 남한산성 안에는 관청이 없었어요.
② 삼전도비는 조선이 세운 비석이에요.
③ 조선은 남한산성 안에 여러 방어 시설을 지었어요.

**4** 내용 추론

다음 (가)에 들어갈 알맞은 말을 골라 ○표 하세요.

후금이 청나라로 나라 이름을 바꿈. ▶ (가) ▶ 인조와 신하들이 남한산성으로 피신하여 싸움. ▶ 조선이 청나라에 항복하여 삼전도비가 세워짐.

병자호란이 일어남.                    임진왜란이 일어남.

 오늘의 한 문장 정리

_____ 은 후금의 침입에 대비하기 위해 여러 생활 시설과 군사 시설을 갖춘 성곽이에요.

**4일차 안내도**

지문분석 동영상강의

# 한양을 지키는 방패, 남한산성

## 슬픔의 역사를 넘어 세계로!
# 남한산성 문화제

경기도 광주시에 있는 남한산성은 우리나라에서 보존이 가장 잘된 산성이에요. 삼국 시대에 처음 만들어진 것으로 알려진 남한산성이 현재의 모습을 갖추게 된 것은 조선 시대예요. 조선의 건축 기술이나 성안의 생활 모습을 그대로 보여 주지요. 성벽은 물론이고 전쟁 중 병사들을 지휘하기 위한 곳인 수어장대 등 군사 시설, 왕이 임시로 머문 궁궐, 사람들이 생활한 시설, 절 등이 있어요. 남한산성은 2014년에 유네스코 세계 유산에 등재되었답니다.

수어장대

망월사

벌봉

연주봉 옹성

숭열전

침괘정

연주봉 옹성 · 서문 · 숭열전 · 북문 · 수어장대 · 침괘정 · 산성로터리 · 연무관 · 현절사 · 망월사 · 남문 · 동문 · 벌봉 · 장경사 신지 옹성

연무관

장경사 신지 옹성

### 등산로 코스

**1 코스**

| 거리 3.8km | 소요 시간 80분 |

**코스** 산성로터리 → 연무관 → 북문 → 서문 → 수어장대 → 침괘정 → 남문

**2 코스**

| 거리 2.9km | 소요 시간 60분 |

**코스** 산성로터리 → 수어장대 → 숭열전 → 연주봉 옹성 → 서문

**3 코스**

| 거리 5.7km | 소요 시간 90분 |

**코스** 현절사 → 벌봉 → 장경사 신지 옹성 → 망월사 → 동문

**1** 남한산성이 처음 만들어진 것으로 알려진 시대는 언제인가요?          (          )

① 고려 시대                ② 삼국 시대                ③ 조선 시대

**2** 이 안내도의 내용으로 맞으면 ○표, 틀리면 ×표 하세요.

(1) 남한산성은 서울에 있어요.                                    (          )

(2) 남한산성 안에는 궁궐과 군사 시설만 있어요.                    (          )

(3) 남한산성은 유네스코 세계 유산에 등재되어 있어요.              (          )

4주

**3** 이 안내도에서 가장 시간이 오래 걸리는 등산로 코스를 찾아 ○표 하세요.

| 1코스 | 2코스 | 3코스 |

**4** 다음 (          ) 안에 들어갈 알맞은 시설은 무엇인가요?          (          )

> (                )은/는 성의 안과 밖을 굽어볼 수 있도록 남한산성에서 가장 높은 곳에 만들어져 병사들을 지휘하는 지휘소의 역할을 했어요.

①
🔺 연무관

②
🔺 연주봉 옹성

③
🔺 수어장대

# 5일차 글

지문분석 동영상강의

# 조선 시대의 그릇은 어떻게 생겼을까요?

**국립 중앙 박물관**
- 위치: 서울특별시 용산구
- 특징: 조선 시대에 만들어진 다양한 분청사기와 백자를 볼 수 있음.

**1 문단** 화려한 무늬의 청자를 주로 만들었던 고려와 달리 조선은 검소하고 실용적인 도자기를 많이 만들었어요. 고려 말에는 귀족들의 수탈로 백성들의 삶이 어려워지면서 손쉽게 쓸 수 있는 그릇이 필요했어요. 그래서 고려 말에서 조선 초로 넘어가는 이 시기에 분청사기가 많이 만들어졌어요. 분청사기는 회색 흙에 **백토**를 발라 구워 낸 도자기예요. 조선의 분청사기는 고려청자를 만드는 방법을 바탕으로 조선만의 무늬와 방법을 더하여 만들어졌어요.

**2 문단** 조선의 도자기 기술은 **나날이** 발전했어요. 조선 전기에는 표면에 아무 무늬가 없는 순백자가 많이 생산되다가 점차 푸른색 물감을 사용한 **청화** 백자가 인기를 끌었어요. 청화 백자에는 선비들이 좋아한 매화, 난, 국화, 대나무, 소나무를 그려 넣거나 시를 써넣기도 했어요. 임진왜란과 병자호란을 겪으면서 많은 **도공**들이 일본에 잡혀갔고 중국에서 들여오던 푸른색 물감도 구하기가 어려워졌어요. 그래서 조선 후기에는 철 **성분**이 들어 있는 재료를 이용한 철화 백자와 흰색 바탕에 아무 무늬가 없는 백자 달항아리도 만들었지요. 순백자의 하나인 백자 달항아리는 같은 시기에 주변 나라에서 볼 수 없었던 독특한 양식으로 만들어져 오늘날에도 높은 가치를 인정받고 있어요. 이렇게 조선 사회의 변화에 따라 도자기도 다양한 모습으로 만들어졌답니다.

△ 백자 달항아리

### ♀ 조선 시대의 도자기

△ 분청사기 철화 연어문
(연꽃과 물고기 무늬) 병

△ 백자 청화 매죽문
(매화와 대나무 무늬) 항아리

△ 백자 철화 포도 원숭이문
(포도와 원숭이 무늬) 항아리

- **백토** 빛깔이 희고 부드러우며 고운 흙을 말해요.
- **나날이** 매일매일 조금씩이라는 뜻이에요.
- **청화** 중국에서 나는 푸른색 물감이에요.
- **도공** 흙을 빚어 그릇이나 도자기를 만드는 일을 하는 사람이에요.
- **성분** 어떤 것을 구성하는 각각의 원소나 물질을 말해요.

오늘의날짜          월          일

**1**
중심 낱말

이 글의 중심 낱말로 알맞은 것은 무엇인가요?                    (          )

① 불상                    ② 선비                    ③ 도자기

**2**
중심 내용

1문단 , 2문단 의 중심 내용을 알맞게 줄로 이으세요.

1문단    ·

· 조선에서는 사회의 변화에 따라 다양한 도자기가 만들어졌어요.

2문단    ·

· 조선 초에는 분청사기를 많이 만들었어요.

**3**
세부 내용

이 글의 내용으로 맞으면 ○표, 틀리면 ×표 하세요.

(1) 조선의 분청사기는 푸른색 흙으로 만들어졌어요.        (          )

(2) 백자 달항아리는 흰색 바탕에 그림이 그려져 있어요.      (          )

(3) 임진왜란을 겪으면서 많은 도공들이 일본에 잡혀갔어요.    (          )

**4**
내용 요약

이 글의 내용을 요약했어요. ㉠, ㉡에 들어갈 알맞은 낱말을 이 글에서 찾아 쓰세요.

조선의 도자기

분청사기
• 고려 말에서 조선 초로 넘어가는 시기에 많이 만들어짐.
• 회색 흙에 백토를 발라 구워 냄.

( ㉠ ) 백자
• 푸른색 물감을 사용하여 만듦.
• 매화, 국화, 대나무 등을 그려 넣거나 시를 써넣기도 함.

( ㉡ )백자
• 표면에 아무 무늬가 없게 만듦.
• 백자 달항아리가 있음.

㉠ _____        ㉡ _____

😊 오늘의 **한** 문장 정리

조선은 _____ , 순백자, 청화 백자, 철화 백자와 같은 도자기를 만들어 사용했어요.

# 조선 도자기의 아름다움

에듀윌박물관 × +

← → C https://www.eduwillmuseum.com/Buncheongsagi

EDUWILL MUSEUM 🔍

## 에듀윌박물관

박물관 소개　전시 안내　소장품 안내　교육 안내　자료실　공지 사항

## 분청사기, 아름다움을 더하다 ●▶진행 중 ★특별 전시

⌂ 〉전시 안내 〉온라인전시

분청사기는 청자를 만들 때 쓰는 흙으로 그릇의 형태를 갖추고, 그 위에 희고 고운 백토를 칠해 만들었습니다.
조선 사람들은 분청사기에 무늬를 넣기 위해 무슨 기법을 썼을까요?

◀ 분청사기 박지
모란문(모란 무늬) 편병

**≫ 박지 기법** ［ 자세히 보기 ］

흙으로 빚은 그릇에 백토를 칠하고 무늬를 그린
뒤, 배경에 있는 백토를 긁어내는 기법입니다.
조선의 분청사기에만 사용되었습니다.

◀ 분청사기 철화
당초문(넝쿨무늬) 항아리

**≫ 철화 기법** ［ 자세히 보기 ］

철 성분이 들어 있는 재료인 철화로 그림을 그리
거나 글자를 써넣어 만드는 기법입니다. 고려에
서 쓰인 기법을 조선 사람들도 그대로 썼습니다.

◀ 분청사기 상감
모란양류문(모란과 버드나무 무늬) 병

**≫ 상감 기법** ［ 자세히 보기 ］

도자기 표면에 무늬를 새기고 백토나 적토를 **메
우는** 기법입니다. 주로 고려청자를 만들 때 쓰
였지만, 조선의 분청사기에도 쓰였습니다.

◀ 분청사기 인화
국화문(국화 무늬) 대접

**≫ 인화 기법** ［ 자세히 보기 ］

무늬가 새겨진 도장으로 무늬를 찍어 내는 기법
입니다. 분청사기를 만들 때 사용하는 인화 기
법을 '분청사기 인화 기법'이라고 부릅니다.

• 메우다 뚫려 있거나 비어 있는 곳을 막거나 채우는 것을 말해요.
• 대접 위가 넓적하고 높이가 낮으며 뚜껑이 없는 그릇이에요.

**1**  다음 빈칸에 들어갈 알맞은 낱말을 이 전시에서 찾아 쓰세요.

> 조선 시대에 만들어진 _____ 은/는 청자를 만들 때 쓰는 흙과 희고 고운 백토로 이루어졌고, 박지 기법, 철화 기법 등을 사용하여 무늬를 넣은 도자기예요.

**2**  이 전시의 내용으로 알맞은 것은 무엇인가요?                  (        )

① 상감 기법은 조선 시대에 개발된 기법이에요.
② 박지 기법은 분청사기와 백자를 만들 때 사용되었어요.
③ 고려 시대에 쓰인 철화 기법을 조선 사람들도 그대로 썼어요.

**3**  인화 기법으로 도자기를 만들 때 해야 할 일은 무엇인가요?        (        )

① 도자기 표면에 도장을 찍어서 무늬를 새겨요.
② 흙으로 빚은 그릇에 조각칼로 무늬를 새겨요.

**4**  다음 도자기의 이름으로 보아 이 도자기의 재료가 <u>아닌</u> 것을 골라 ○표 하세요.

- **이름**: 분청사기 철화 당초문(넝쿨무늬) 항아리
- **시대**: 조선 시대

| 백토 |
|------|

| 철화 |
|------|

| 청화 |
|------|

1~5일 지문에서 나온 중요 어휘를 정리해 보세요.

**1** 밑줄 친 낱말의 뜻을 알맞게 줄로 이으세요.

『경국대전』은 조선 **왕조**의
기본 법전의 역할을 했어요. •

• 위험을 피하여
몸을 숨기다.

서원이 늘어나면서
나라 **살림**이 어려워졌어요. •

• 가정이나 나라의
경제적인 상황

임진왜란을 겪으면서 많은
**도공**들이 일본에 잡혀갔어요. •

• 들인 노력에 비하여 얻는
결과가 크다.

인조와 일부 신하들은
남한산성으로 **피신**했어요. •

• 사람이 죽은 후에
그 사람의 재산을 넘겨주다.

조선에서는 재산을 **상속**할 때
『경국대전』의 법을 따랐어요. •

• 같은 집안에서 난
왕들이 다스리는 시대

총통은 탄환을 한 번에 많이
쏠 수 있어서 **효율적**이었어요. •

• 흙을 빚어 그릇이나
도자기를 만드는 사람

**2** 밑줄 친 낱말과 뜻이 비슷한 낱말을 〈보기〉에서 찾아 빈칸에 쓰세요.

┌───────────────────〈보기〉───────────────────┐
│   공        규칙        알아내다        이르다        힘   │
└─────────────────────────────────────────────┘

(1) 관리들은 저녁 5~7시에 퇴근하는 것이 **원칙**이었어요.　　　_____
　　　　　　　　　어떤 행동을 할 때 지켜야 하는 기본적인 법칙, 규범

(2) 남한산성 안에는 적을 **정찰하기** 위해 장대를 세웠어요.　　　_____
　　　　　　　　군대에서 적의 움직임이나 지형을 살피다.

(3) 서원은 유학의 발전에 **업적**을 세운 조상에게 제사를 지냈어요.　_____
　　　　　　사업이나 연구 등에서 노력과 수고를 들여 이룬 결과

(4) 화차는 여러 화살을 한꺼번에 쏠 수 있어서 **위력**이 엄청났어요.　_____
　　　　　　　　　상대방을 꼼짝 못하게 할 만큼 매우 강력함.

(5) 조선 시대에는 자식이 부모의 죄를 **고발하면** 자식을 처벌했어요.　_____
　　　　　　세상에 잘 알려지지 않은 잘못이나 비리를 드러내어 알리다.

**3** 다음 (　　　) 안에 들어갈 알맞은 낱말을 골라 ○표 하세요.

(1) 비격진천뢰는 ( **폭발** , **폭팔** )할 때 쇳조각이 사방으로 쏟아져요.

(2) 서원은 백성들에게 많은 세금을 걷는 등 ( **행포** , **횡포** )가 심해졌어요.

(3) 남한산성이 현재의 모습을 ( **갇추게** , **갖추게** ) 된 때는 조선 시대예요.

(4) 조선은 나라를 ( **채계적** , **체계적** )으로 다스리기 위해 법을 만들었어요.

(5) 상감 기법은 도자기 표면에 무늬를 새기고 흙을 ( **매워** , **메워** ) 만드는 기법이에요.

4주

# 우주 여행하기

외계인이 우주를 여행하고 있어요. 우주선에서 출발하여 지구에 도착할 수 있게 알맞은 길을 찾아 줄을 그어요.

도착

출발

# 머리가 맑아지는 체조

🌿 다음 동작을 순서대로 하나씩 천천히 따라해 보아요.

**①** 앞을 바라보고
뚝바로 서요.

**②** 의자에 앉은 것처럼
무릎을 구부려요.

**③** 무릎을 구부린 채로 두 팔을
나란히 하고 30초 동안 가만히 있어요.

**④** 처음 자세로 돌아와
마무리해요.

# 에듀윌 초등 문해력보스 한국사 우리 문화 ❷

| 발 행 일 | 2022년 9월 8일 초판 |
|---|---|
| 저 자 | 방대광, 김현숙, 신범식, 조윤호, 에듀윌초등문해력연구소 |
| 펴 낸 이 | 권대호 |
| 펴 낸 곳 | (주)에듀윌 |
| 등록번호 | 제25100-2002-000052호 |
| 주 소 | 08378 서울특별시 구로구 디지털로34길 55 |
| | 코오롱싸이언스밸리 2차 3층 |

**www.eduwill.net**

대표전화 1600-6700

## 여러분의 작은 소리
## 에듀윌은 크게 듣겠습니다.

여러분의 이야기를 들려주세요.
공부하시면서 어려웠던 점, 궁금한 점,
칭찬하고 싶은 점, 개선할 점, 어떤 것이라도 좋습니다.

에듀윌은 여러분께서 나누어 주신 의견을
통해 끊임없이 발전하고 있습니다.

**에듀윌 도서몰**  book.eduwill.net
**교재내용 문의**  에듀윌 도서몰 → 문의하기 → 교재(내용, 출간) → 초등 문해력

초등부터 에듀윌

# 문해력 보스

# 바른답과 도움말

## 한국사
초등 3~6학년

### 우리 문화 ❷ 고려~조선 전기

**eduwill**

# 바른답과 도움말

# 한국사 초등 3~6학년

## 우리 문화 ❷ 고려~조선 전기

## 1일차  고려의 화폐  12~15쪽

**글  고려 사람들은 어떤 돈을 썼을까요?**

| 문단 | 중심 낱말 | 중심 내용 |
|---|---|---|
| 1문단 | 화폐 | 고려는 처음으로 건원중보라는 금속 화폐를 만들었어요. |
| 2문단 | 화폐 | 고려 숙종 때는 화폐를 만드는 관청을 세우고 다양한 화폐를 만들었어요. |
| 3문단 | 화폐 | 고려가 만든 금속 화폐는 널리 사용되지 못했어요. |

**정답**

1  ②    2  ╳

3  주전도감    4  ③

**한 문장 정리**  화폐

1  이 글은 고려가 금속 화폐를 만들기 시작한 이유와 고려가 만든 화폐의 종류에 관한 내용을 담고 있습니다. 따라서 이 글의 중심 낱말은 '화폐'입니다.
3  승려 의천의 건의로 고려가 세운 화폐를 만드는 관청은 '주전도감'입니다.
4  고려 시대에 금속 화폐가 널리 사용되지 못한 까닭은 당시 백성들이 대부분 농민이어서 화폐가 필요하다고 생각하지 않았기 때문입니다.

**웹툰  고려 시장에 간 역사 탐험대**

**정답**

1  ①    2  ②
3  숙종    4  ①

1  이 웹툰에서 등장하지 않은 화폐는 '은병'입니다.
2  고려의 금속 화폐에는 한자가 쓰여 있었습니다.
3  해동통보, 삼한통보, 은병 등의 금속 화폐를 만든 고려의 제15대 왕은 '숙종'입니다.
4  고려에서 가장 처음으로 만들어진 금속 화폐는 성종 때 만들어진 '건원중보'입니다.

## 2일차  고려청자  16~19쪽

**글  고려의 도자기는 어떻게 만들어졌을까요?**

| 문단 | 중심 낱말 | 중심 내용 |
|---|---|---|
| 1문단 | 고려청자 | 고려청자는 높은 가치를 인정받는 예술품이에요. |
| 2문단 | 상감 청자 | 고려는 상감 기법을 이용한 상감 청자를 만들었어요. |
| 3문단 | 고려청자 | 고려청자는 다양한 생활용품으로 만들어졌어요. |

**정답**

1  ②    2  ╳

3  ②    4  상감

**한 문장 정리**  청자

1  이 글은 고려 시대의 대표적인 예술품인 고려청자의 가치와 제작 방법 등에 관한 내용을 담고 있습니다. 따라서 이 글의 중심 낱말은 '고려청자'입니다.
3  고려청자는 신비한 푸른빛의 아름다움으로 세계적으로 가치를 인정받는 예술품입니다.
4  그릇의 표면에 그림을 그려 파낸 후 흰색과 붉은색의 흙을 바르고 긁어내어 무늬를 만드는 것을 '상감' 기법이라고 합니다.

**광고  흙으로 빚은 고려청자의 아름다움**

**정답**

1  ③    2  (1) ○ (2) ○ (3) ✕
3  호랑이    4  ①

1  이 광고에 나온 고려청자는 푸른빛입니다.
2  (3) 고려청자를 만들 때 쓰는 흙의 색은 처음부터 푸른빛이 아닙니다. 고려청자는 가마에 구울 때 일어나는 화학 작용으로 푸른빛을 띠게 됩니다.
3  고려청자에 그려진 무늬가 아닌 것은 '호랑이'입니다.
4  백자 달항아리는 이 광고에 나오지 않았습니다.

글    고려에서 높게 쌓은 불교 건축물은 어떤 모습일까요?

| 문단 | 중심 낱말 | 중심 내용 |
|------|----------|----------|
| 1문단 | 탑 | 고려는 3층 탑뿐만 아니라 층이 더 높은 탑도 만들었어요. |
| 2문단 | 탑 | 개성 경천사지 10층 석탑은 원나라의 영향을 받아 만들어졌어요. |

**정답**

1   ②         2   •———•

3   ③         4   월정사

한 문장 정리   불교

1   이 글은 고려 시대에 만들어진 탑의 특징과 종류에 관한 내용을 담고 있습니다. 따라서 이 글의 중심 낱말은 '탑'입니다.

3   고려는 불교가 나라의 지원과 보호를 받으면서 크게 발전한 나라입니다.

4   고려의 탑 중 평창에 있고 사각형이 아닌 팔각형 모양의 돌로 쌓아 만든 것은 평창 '월정사' 8각 9층 석탑입니다.

**블로그**   탑에게 소원을 말해 보세요

**정답**

1   정월 대보름       2   ③

3   (1) ✕ (2) ✕ (3) ○      4   민속놀이

1   한 해 중 처음으로 보름달이 뜨는 날로, 복을 빌며 부럼 깨기, 쥐불놀이 등을 즐기는 명절은 '정월 대보름'입니다.

2   탑돌이를 할 때 스님뿐만 아니라 일반 사람들도 탑 주변을 돌 수 있습니다.

3   (1) 월정사 8각 9층 석탑의 높이는 15.2m입니다.
     (2) 월정사 8각 9층 석탑을 쌓은 돌의 모양은 팔각형입니다.

4   탑돌이는 일제 강점기와 6·25 전쟁 때도 끊이지 않고 전해 내려오는 불교 의식이자 우리나라 전통 '민속놀이'입니다.

글    고려 시대 호족은 자신의 힘을 드러내기 위해 무엇을 만들었을까요?

| 문단 | 중심 낱말 | 중심 내용 |
|------|----------|----------|
| 1문단 | 불상 | 고려 왕실과 지방 세력인 호족은 전국 곳곳에 불상을 만들었어요. |
| 2문단 | 불상 | 호족은 자신의 힘을 자랑하기 위해 커다란 불상을 만들었어요. |

**정답**

1   ③         2   ✕

3   호족         4   ②

한 문장 정리   불상

1   이 글은 고려 시대에 만들어진 불상의 특징과 호족이 불상을 크게 만든 이유 등에 관한 내용을 담고 있습니다. 따라서 이 글의 중심 낱말은 '불상'입니다.

3   신라 말에 왕의 힘이 약해지면서 등장한 지방 세력을 '호족'이라고 합니다.

4   파주 용미리 마애이불 입상은 머리가 2개입니다.

**웹툰**   파주 용미리의 큰 바위 불상 이야기

**정답**

1   ③         2   지방

3   (1) ✕ (2) ○ (3) ○      4   ②

1   이 웹툰은 파주 용미리 마애이불 입상에 관하여 전해 내려오는 이야기를 담고 있습니다. 웹툰 속 왕은 불상을 만들고 불공을 드려 소원을 이루겠다고 말했습니다. 따라서 이 웹툰의 제목은 '소원을 들어주는 파주 용미리 마애이불 입상'이 알맞습니다.

2   호족은 신라 말에 나타나 자신이 사는 지역을 다스린 '지방' 세력입니다.

3   (1) 궁주는 꿈속에서 스님을 만났습니다.

4   고려 시대에 만들어진 안동 이천동 마애여래 입상과 파주 용미리 마애이불 입상은 둘 다 자연에 있는 바위를 불상의 몸으로 삼았습니다.

**글**   고려가 절 안에 만든 건물은 무엇일까요?

| 문단 | 중심 낱말 | 중심 내용 |
|------|-----------|-----------|
| 1문단 | 목조 건물 | 우리나라에 남아 있는 가장 오래된 목조 건물은 고려 시대에 만들어졌어요. |
| 2문단 | 극락전, 무량수전 | 고려의 목조 건물에는 우리나라 전통 건축의 특성이 잘 나타나 있어요. |

**정답**

1   ②        2  

3   안동 봉정사 극락전
4   공포가 기둥의 윗부분에만 놓여서

**한 문장 정리**   목조

1   이 글은 고려 시대에 만들어진 목조 건물의 특징과 종류 등에 관한 내용을 담고 있습니다. 따라서 이 글의 중심 낱말은 '목조 건물'입니다.
3   고려의 목조 건물 중에서도 가장 오래되었다고 알려진 건물은 '안동 봉정사 극락전'입니다.
4   주심포 양식은 다포 양식과 다르게 공포가 기둥의 윗부분(기둥머리)에만 놓여서 단정한 느낌을 줍니다.

**잡지**   긴 세월을 버텨 온 고려의 목조 건물

**정답**

1   사찰        2   ②
3   주심포       4   ③

1   이 잡지는 경상북도에서 볼 수 있는 고려의 목조 건물에 관한 내용을 담고 있습니다. 영주 부석사 무량수전과 안동 봉정사 극락전은 모두 '사찰(절)'의 건물입니다.
2   영주 부석사 무량수전은 고려 공민왕 때 불에 타 고려 우왕 때 다시 지었습니다.
3   안동 봉정사 극락전은 지붕의 처마를 받치는 나무 장식인 공포를 기둥 위에만 놓는 '주심포' 양식으로 지어졌습니다.
4   안동 봉정사 극락전의 기둥 모양은 기둥의 가운데가 불룩한 배흘림기둥입니다.

**정답**

1

2   (1) 되다 (2) 퍼지다 (3) 잘되다
    (4) 내려오다 (5) 간절하다
3   (1) 받치는 (2) 간섭 (3) 커다랗게 (4) 이룰 (5) 층층이

2   (1) '되다'는 어떤 재료나 성분으로 이루어져 있는 것을 말합니다.
    (2) '퍼지다'는 어떤 물질이나 현상이 넓은 범위에 미치는 것을 말합니다.
    (3) '잘되다'는 사람이 훌륭하게 되는 것을 말합니다.
    (4) '내려오다'는 과거로부터 지금까지 전해 오는 것을 말합니다.
    (5) '간절하다'는 마음속에서 우러나와 바라는 정도가 매우 강한 것을 말합니다.

**대장경** 36~39쪽

글 **고려가 다른 나라의 침입을 이겨 내기 위해 한 일은 무엇일까요?**

| 문단 | 중심 낱말 | 중심 내용 |
|---|---|---|
| 1문단 | 대장경 | 고려는 나라에 어려운 일이 생기면 대장경을 만들었어요. |
| 2문단 | 대장경판 | 팔만대장경은 고려의 수준 높은 목판 인쇄술을 보여 줘요. |

**정답**

1 ② 　　　　　2 •————————•

3 ③ 　　　　　4 목판 인쇄술

**한 문장 정리** 대장경

1 이 글은 고려가 대장경을 만든 까닭과 대장경판에 관한 내용을 담고 있습니다. 따라서 이 글의 중심 낱말은 '대장경'입니다.
3 합천 해인사에 보관되어 있는 팔만대장경판은 유네스코 세계 기록 유산에 등재되었습니다.
4 8만여 장의 나무로 된 경판에 새긴 팔만대장경은 고려의 뛰어난 '목판 인쇄술'을 보여 줍니다.

**일기** **8만여 장의 목판에 새겨진 간절한 마음**

**정답**

1 팔만대장경판 　　　2 ③
3 (1) ○ (2) ○ (3) × 　4 ①

1 합천 해인사에는 '팔만대장경판'이 보관되어 있습니다.
2 이 일기를 쓴 사람은 유네스코 세계 기록 유산에 등재된 팔만대장경판을 보았습니다.
3 (3) 팔만대장경은 몽골군의 침입을 이겨 내기 위해 만들어진 것입니다.
4 목판에 한번 새긴 글자는 고칠 수 없고, 다른 글자를 새기려면 새로운 목판에 새겨야 합니다.

**합천 해인사 장경판전** 40~43쪽

글 **목판은 어떻게 잘 보존될 수 있었을까요?**

| 문단 | 중심 낱말 | 중심 내용 |
|---|---|---|
| 1문단 | 팔만 대장경판 | 팔만대장경판은 장경판전에 보관되어 있어 잘 보존될 수 있었어요. |
| 2문단 | 장경판전 | 합천 해인사 장경판전은 과학적으로 설계되었어요. |

**정답**

1 ①　　　　　2 ✕ (선 연결)

3 ③

4 장경판전의 바닥에 소금, 숯, 모래 등을 넣었기 때문에

**한 문장 정리** 장경판전

1 이 글은 합천 해인사 장경판전의 과학적인 설계에 관한 글로, 뛰어난 과학 기술로 지은 장경판전 덕분에 나무로 된 팔만대장경판이 잘 보존될 수 있었다는 내용을 담고 있습니다. 따라서 이 글의 중심 낱말은 '장경판전'입니다.
3 장경판전의 벽면 위쪽 창과 아래쪽 창의 크기를 서로 다르게 했습니다.
4 장경판전이 건물 스스로 습도를 조절할 수 있는 까닭은 장경판전 바닥에 소금, 숯, 모래 등을 넣었기 때문입니다.

**인터뷰** **대장경판을 지켜 낸 장경판전의 비밀**

**정답**

1 ② 　　　　　2 ②
3 통풍 　　　　4 ⊙ 소금 ⓒ 숯

1 이 인터뷰에서는 장경판전의 창을 어떻게 냈는지, 바닥은 무엇으로 이루어졌는지 등 장경판전의 구조에 대해 이야기하고 있습니다.
2 장경판전의 바닥에 깐 숯에는 공기와 물을 깨끗하게 하는 기능이 있습니다.
3 해인사 장경판전은 남쪽에 있는 창과 북쪽에 있는 창의 크기를 서로 다르게 해서 바람이 잘 통하게 했습니다. 바람이 통하게 하는 것을 '통풍'이라고 합니다.
4 장경판전의 바닥 가장 아래에는 모래, 횟가루, 찰흙을 섞어 깔고, 그 위에 ⓒ 숯, 가장 위에는 ⊙ 소금을 깔았습니다.

**글**   고려 시대에 쓰인 대표적인 역사책은 무엇일까요?

| 문단 | 중심 낱말 | 중심 내용 |
|------|-----------|-----------|
| 1문단 | 삼국사기,<br>삼국유사 | 『삼국사기』와 『삼국유사』는 고려 시대에 쓰인 대표적인 역사책이에요. |
| 2문단 | 삼국사기,<br>삼국유사 | 『삼국사기』와 『삼국유사』는 공통점과 차이점이 있어요. |

**정답**

1   ①　　　　　　　　2

3   ②　　　　　　　　4   ①

**한 문장 정리**   삼국사기

1   이 글은 고려 시대에 쓰인 대표적인 역사책인 『삼국사기』와 『삼국유사』에 관한 내용을 담고 있습니다. 이 글에 나오지 않는 책은 『삼국지』입니다.

3   『삼국사기』가 완성된 지 140여 년 뒤 『삼국유사』가 쓰였습니다.

4   『삼국사기』는 김부식이 삼국의 역사부터 쓴 역사책입니다.

**온라인대화**   시간을 뛰어넘은 일연과 김부식의 만남

**정답**

1  　　　　　　　　2   ②

3   신라의 역사　　　　4   ②

2   『삼국유사』는 나라에서 명하여 쓴 것이 아니라 개인이 쓴 것입니다.

3   『삼국사기』에는 삼국의 역사가 기록되어 있습니다. 따라서 신라의 역사가 실려 있습니다.

4   『삼국유사』가 고조선의 역사부터 시작하는 까닭은 고려가 몽골의 침략을 겪은 후 원나라의 간섭을 받고 있을 때 백성들에게 용기와 희망을 주고 싶어서입니다. 왜냐하면 고조선의 역사는 우리 역사의 자랑스러운 시작이기 때문입니다.

**글**   고려 사람들은 어떻게 책을 인쇄했을까요?

| 문단 | 중심 낱말 | 중심 내용 |
|------|-----------|-----------|
| 1문단 | 목판 인쇄술 | 나무에 글자를 새겨 책을 찍어 내는 목판 인쇄술은 몇 가지 단점이 있어요. |
| 2문단 | 금속 활자 | 고려 사람들은 세계 최초로 금속 활자를 만들었어요. |
| 3문단 | 직지<br>심체요절 | 『직지심체요절』은 오늘날 세계에서 가장 오래된 금속 활자 인쇄본이에요. |

**정답**

1   ③　　　　　　　　2

3   기록　　　　　　　4   ㉠ 목판 ㉡ 금속 활자

**한 문장 정리**   금속

1   이 글은 목판 인쇄술의 단점을 보완하여 세계 최초로 만든 금속 활자에 관한 내용을 담고 있습니다.

3   『직지심체요절』은 유네스코 세계 기록 유산으로 등재된 금속 활자 인쇄본입니다.

4   ㉠ 나무판 1개로 한 가지 종류의 책만 찍을 수 있는 인쇄술은 '목판' 인쇄술입니다.
㉡ 한 글자씩 활자를 따로 만들어서 끼워 맞추는 인쇄술은 '금속 활자' 인쇄술입니다.

**백과사전**   세계 최초의 발명, 금속 활자

**정답**

1   ①　　　　　　　　2   (1) × (2) ○ (3) ○

3   ③　　　　　　　　4   ②

1   금속 활자는 금속을 녹여 굳힌 뒤 만든 것입니다.

2   (1) 금속 활자 인쇄술은 금속에 글자를 새겨 찍어 내는 방법입니다.

3   이 백과사전의 2번은 금속 활자를 만드는 방법에 관한 내용을 담고 있습니다. 따라서 (가)에 들어갈 말은 '어떻게 만들었을까요?'가 알맞습니다.

4   이 백과사전의 (나)에 들어갈 그림은 인쇄할 내용에 맞게 활자를 끼워 맞추는 그림이 알맞습니다.

**글** 과학 기술의 발전에 따라 변화된 고려의 모습은 어땠을까요?

| 문단 | 중심 낱말 | 중심 내용 |
|---|---|---|
| 1문단 | 화약 무기 | 고려는 최무선이 만든 화약 무기로 왜구의 침입을 물리쳤어요. |
| 2문단 | 목화 | 문익점이 목화 재배에 성공하여 고려 백성들이 따뜻한 겨울을 보내게 되었어요. |

**정답**

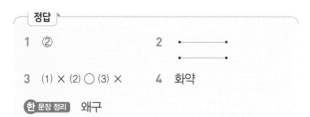

1　②　　　　　　2

3　⑴ ✕ ⑵ ○ ⑶ ✕　　4　화약

**한 문장 정리**　왜구

1　이 글은 고려의 과학 기술을 보여 주는 화약 무기와 목화에 관한 글입니다. 2문단은 문익점이 목화 재배에 성공하여 백성들이 따뜻한 겨울을 보내게 됐다는 내용을 담고 있습니다. 따라서 2문단의 중심 낱말은 '목화'입니다.

3　⑴ 문익점은 목화 재배에 성공했습니다.

　⑶ 고려는 화약 무기를 처음 사용한 전투에서 이겼습니다.

4　고려는 최무선이 개발한 '화약' 무기로 진포에서 일어난 전투에서 승리했습니다.

---

**방송프로그램** 고려를 변화시킨 화약과 목화

**정답**

1　③　　　　　　2　③

3　진포　　　　　4　②

1　이 다큐멘터리의 4화에서는 고려 후기 최무선이 개발한 화약과 화약 무기인 화포에 관한 내용을 담고 있습니다.

2　고려 사람들은 목화씨를 들여오기 전에는 모시옷과 삼베 옷으로 겨울을 버텼습니다.

3　고려는 '진포'에서 벌인 왜구와의 전투에서 우리나라 역사상 최초로 화약 무기를 사용하여 승리를 거뒀습니다.

4　이 다큐멘터리의 5화는 고려가 처음으로 화약 무기를 사용하여 승리한 해전인 진포 대첩에 관한 내용을 담고 있습니다. 따라서 (가)에 들어갈 그림은 바다에서 화포를 사용하여 전투하는 그림이 알맞습니다.

---

**정답**

1

2　⑴ 시키다 ⑵ 바꾸다 ⑶ 키우다

　⑷ 유지되다 ⑸ 망가지다

3　⑴ 비틀리는 ⑵ 새긴 ⑶ 보완 ⑷ 겨울나기 ⑸ 달한다

2　⑴ '시키다'는 어떤 일이나 행동을 하게 하는 것을 말합니다.

　⑵ '바꾸다'는 원래의 내용이나 상태를 다르게 고치는 것을 말합니다.

　⑶ '키우다'는 동식물을 돌보아 기르는 것을 말합니다.

　⑷ '유지되다'는 어떤 상태나 상황 등이 그대로 이어져 나가는 것을 말합니다.

　⑸ '망가지다'는 부서지거나 찌그러져 못 쓰게 되는 것을 말합니다.

---

**정답**

**1일차  한양**  62~65쪽

글  **조선의 도읍은 어디였을까요?**

| 문단 | 중심 낱말 | 중심 내용 |
|---|---|---|
| 1문단 | 한양 | 조선을 세운 이성계는 한양을 새 도읍으로 정했어요. |
| 2문단 | 한양 | 한양의 건물들은 유교의 가르침에 따라 위치와 이름이 정해졌어요. |

정답

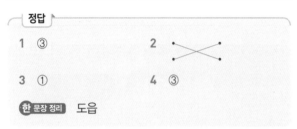

1  ③          2
3  ①          4  ③

한 문장 정리  도읍

1  이 글은 조선을 세운 이성계가 도읍으로 삼은 한양에 관한 내용을 담고 있습니다. 따라서 이 글의 중심 낱말은 '한양'입니다.

3  이성계가 한양을 조선의 도읍으로 정한 까닭은 사방이 산으로 둘러싸여 있어 외적을 방어하기에 좋고, 넓은 평야와 한강이 있어 먹을 것과 마실 물을 구하기 쉬웠기 때문입니다.

4  사직단은 토지의 신과 곡식의 신에게 한 해 농사가 잘되게 해 달라고 제사를 지낸 곳입니다.

안내도  **유교의 나라, 조선의 도읍이었던 서울**

정답

1  돈의문          2  ②
3  (1) × (2) ○ (3) ○          4  ②

1  종묘, 돈의문, 흥인지문 중 오늘날에는 터만 남아 있는 문화유산은 '돈의문'입니다.
2  이 안내도의 1~3코스에서 모두 거치지 않는 장소는 '보신각'입니다.
3  (1) 경복궁은 이성계가 지었습니다.
4  숭례문의 이름에 담긴 뜻은 '인의예지' 중 '예의'입니다.

**2일차  조선의 궁궐**  66~69쪽

글  **조선의 왕들이 생활한 곳은 어디일까요?**

| 문단 | 중심 낱말 | 중심 내용 |
|---|---|---|
| 1문단 | 궁궐 | 조선의 왕과 왕의 가족은 궁궐에 살았어요. |
| 2문단 | 궁궐 | 조선 시대에는 경복궁 등의 궁궐이 지어졌어요. |

정답

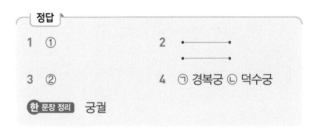

1  ①          2
3  ②          4  ㉠ 경복궁 ㉡ 덕수궁

한 문장 정리  궁궐

1  이 글은 조선 시대에 왕과 왕의 가족, 많은 관리가 살았던 궁궐에 관한 내용을 담고 있습니다. 따라서 이 글의 중심 낱말은 '궁궐'입니다.
3  창덕궁은 자연과 잘 어우러져 아름다움을 인정받아 유네스코 세계 유산에 등재되었습니다.
4  ㉠ 조선의 궁궐 중 첫 번째로 지어진 곳은 '경복궁'입니다. ㉡ 을사늑약이 맺어진 곳은 '덕수궁'입니다.

카드뉴스  **오늘날 만나는 조선의 모습**

정답

1  (1) × (2) ○          2
3  덕수궁          4  ①

1  (1) 덕수궁 음악회 행사는 4월에도 열립니다.
3  음악회는 덕수궁에서 열립니다.
4  종묘 제례 행사는 경복궁이 아니라 종묘 정전에서 열립니다.

글  조선 왕의 무덤은 어떻게 생겼을까요?

| 문단 | 중심 낱말 | 중심 내용 |
|---|---|---|
| 1문단 | 왕릉 | 조선 왕릉은 조선 왕실의 무덤으로, 정성을 다해 만들었어요. |
| 2문단 | 왕릉 | 조선 왕릉은 제사 의식에 따라 공간이 나누어져 있어요. |

**정답**

1  ②

2  ✕ (선으로 연결)

3  재실

4  ①

**한 문장 정리**  제사

1  이 글은 조선 왕릉의 의미와 조선 왕릉의 공간에 관한 내용을 담고 있습니다. 따라서 이 글의 중심 낱말은 '왕릉'입니다.

3  조선 왕릉에서 제사를 준비하는 장소는 '재실'입니다.

4  조선 왕릉이 오늘날까지 도굴당하지 않고 잘 보존될 수 있었던 까닭은 무덤 바로 앞에 혼자서는 들어 올리기 힘들 정도로 무거운 돌인 혼유석이 있기 때문입니다.

**신문기사  영릉, 옛 모습으로 다시 태어나다**

**정답**

1  ②

2  (1) ○ (2) ○ (3) ✕

3  참도

4  ①

1  여주 영릉에는 세종과 소헌 왕후가 묻혀 있습니다.

2  ⑶ 여주 영릉은 공사가 완전히 마무리되는 대로 국민에게 공개될 것입니다.

3  여주 영릉에는 살아 있는 왕이 다니는 길과 죽은 왕의 영혼이 다니는 길로 이루어진 '참도'가 있습니다.

4  조선의 왕인 세종이 그 왕비인 소헌 왕후와 함께 묻혀 있는 곳은 여주 영릉 안내도의 위쪽에 있는 무덤인 ㉠입니다.

글  조선 사람들은 어떻게 시간과 계절을 알았을까요?

| 문단 | 중심 낱말 | 중심 내용 |
|---|---|---|
| 1문단 | 앙부일구, 자격루 | 조선 사람들은 앙부일구와 자격루를 통해 시간을 알았어요. |
| 2문단 | 과학 기구 | 세종 때 만들어진 과학 기구는 백성들의 생활에 큰 도움을 주었어요. |

**정답**

1  ③

2  — (선으로 연결)

3  (1) ✕ (2) ○ (3) ○

4  ㉠ 앙부일구  ㉡ 혼천의

**한 문장 정리**  농사

1  이 글은 세종 때 만들어진 다양한 과학 기구들에 관한 내용을 담고 있습니다. 따라서 이 글의 중심 낱말은 '과학 기구'입니다.

3  (1) 자격루는 물을 이용해 시간을 알려 주는 물시계입니다.

4  ㉠ 해의 움직임에 따라 시간을 읽는 해시계는 '앙부일구'입니다.
㉡ 해, 달, 별 등 천체를 관측하는 과학 기구는 '혼천의'와 간의입니다.

**온라인박물관  시대를 앞서간 조선의 알람 시계**

**정답**

1  물시계

2  ③

3  ①

4  ③

1  자격루는 '물시계'입니다.

2  자격루는 해시계인 앙부일구의 단점을 보완하여 만들어졌습니다.

3  자격루는 '스스로 치는 시계'라는 뜻입니다.

4  자격루는 쇠구슬이 떨어지는 힘을 받은 나무 인형이 종, 북, 징을 쳐서 자동으로 시간을 알려 줍니다. 따라서 자동으로 시간을 알려 주는 장치가 있는 곳은 종, 북, 징을 치는 인형이 있는 ③입니다.

**글**   한글은 어떻게 만들어졌을까요?

| 문단 | 중심 낱말 | 중심 내용 |
|------|-----------|-----------|
| 1문단 | 글자 | 세종은 백성들을 위해 훈민정음을 만들었어요. |
| 2문단 | 훈민정음 | 일부 신하들은 훈민정음을 만들고 알리는 일에 반대했어요. |
| 3문단 | 훈민정음 | 훈민정음은 과학적 원리에 따라 만들어졌어요. |

**정답**

1   ③         2

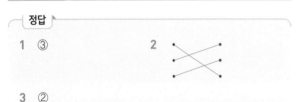

3   ②

4   백성들이 글을 배워 억울한 일을 당하지 않게 하기 위해서

**한 문장 정리**   소리

1   이 글은 훈민정음이 만들어진 까닭과 과정에 관한 내용을 담고 있습니다. 따라서 이 글의 중심 낱말은 '훈민정음'입니다.

3   훈민정음은 하늘과 땅, 사람의 모양 등을 본떠서 만든 글자입니다.

4   세종은 백성들이 글을 제대로 알지 못해 억울한 일을 당하는 것을 안타까워하여 훈민정음을 만들었습니다.

**SNS**   거센 반대의 소리를 뚫고 나온 훈민정음

**정답**

1   장영실          2   ③

3   ①            4   ①

1   이 SNS에 참여하지 않은 사람은 '장영실'입니다.

2   최만리는 백성들에게 중요한 것은 글보다 식량이라고 생각했습니다.

3   최만리는 조선이 유교 예절에 따라 중국을 조선보다 큰 나라로 여기기 때문에 중국과 같은 글자를 써야 한다고 주장했습니다.

4   훈민정음의 뜻은 '백성을 가르치는 바른 소리'입니다.

**정답**

1

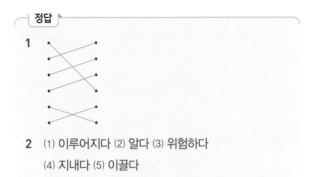

2   (1) 이루어지다 (2) 알다 (3) 위험하다
    (4) 지내다 (5) 이끌다

3   (1) 굽히지 (2) 재현 (3) 천체 (4) 솥뚜껑 (5) 둘러싸여

2   (1) '이루어지다'는 어떤 대상에 의하여 일정한 상태나 결과가 생기거나 만들어지는 것을 말합니다.

    (2) '알다'는 교육이나 경험을 통하여 사물이나 상황에 대한 정보나 지식을 갖추는 것을 말합니다.

    (3) '위험하다'는 해를 입거나 다칠 가능성이 있어 안전하지 못한 것을 말합니다.

    (4) '지내다'는 사람이 어떤 장소에서 생활하거나 살아가는 것을 말합니다.

    (5) '이끌다'는 사람, 단체, 사물, 현상을 인도하여 어떤 방향으로 나가게 하는 것을 말합니다.

# 4주

글  조선을 다스리는 기준이 된 법은 무엇일까요?

| 문단 | 중심 낱말 | 중심 내용 |
|---|---|---|
| 1문단 | 경국대전 | 『경국대전』은 조선을 다스리는 기본 법전의 역할을 했어요. |
| 2문단 | 경국대전 | 조선의 모든 정책은 『경국대전』의 6개 영역에 따라 이루어졌어요. |
| 3문단 | 경국대전 | 조선 백성들은 일상생활에서 『경국대전』의 법을 따라야 했어요. |

**정답**

1  ②

2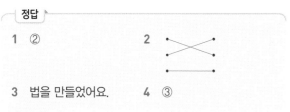

3  법을 만들었어요.

4  ③

**한 문장 정리**  법전

1  이 글은 조선을 다스리는 기본 법전인 『경국대전』에 관한 내용을 담고 있습니다. 따라서 이 글의 중심 낱말은 '경국대전'입니다.

3  조선은 나라를 체계적으로 다스리고 사회 질서를 유지하기 위해 법을 만들었습니다.

4  조선에서는 나라의 최고 조직인 의정부와 6조는 물론이고, 각 지방의 고을에서도 모든 일을 『경국대전』에 따라 처리했습니다.

동영상  유교가 바탕이 된 경국대전

**정답**

1  ②

2  (1) ○ (2) ○ (3) ×

3

4  ③

1  『경국대전』을 만들기 시작한 왕은 '세조'입니다.

2  ⑶ 『경국대전』은 유교적 사회 질서를 유지하는 데 중요한 역할을 한 법전입니다.

4  성인이 되어 고향을 떠나는 것은 『경국대전』의 내용에 맞지 않습니다.

---

글  조선의 학생들이 공부한 곳은 어디일까요?

| 문단 | 중심 낱말 | 중심 내용 |
|---|---|---|
| 1문단 | 학교 | 조선은 유학을 가르치기 위해 여러 학교를 세웠어요. |
| 2문단 | 서원 | 많은 서원이 문제를 일으키자 흥선 대원군은 대부분의 서원을 없앴어요. |

**정답**

1  ①

2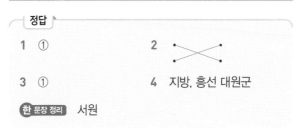

3  ①

4  지방, 흥선 대원군

**한 문장 정리**  서원

1  이 글은 조선에 세워진 학교에 관한 글입니다. 2문단은 지방에 세운 학교인 서원의 역할과 변화에 관한 내용을 담고 있습니다. 따라서 2문단의 중심 낱말은 '서원'입니다.

3  서원은 나라에서 돈을 지원받으며 발전했습니다.

4  서원은 '지방'에서 유학을 연구하고 공부하는 곳입니다. 이후 서원이 잘못된 모습을 보이자 '흥선 대원군'이 대부분의 서원을 없앴습니다.

안내문  영주 소수 서원 입학을 축하합니다

**정답**

1  사액

2  (1) ○ (2) ○ (3) ×

3  ③

4  제사

1  영주 소수 서원은 퇴계 이황의 요청으로 나라에서 지원을 받은 최초의 '사액' 서원입니다.

2  ⑶ 소수 서원에서는 스승님과 여러 학생들이 함께 토론 수업을 합니다.

3  9개의 시험 중 '불(不)'을 8개 이상(8~9개) 받으면 퇴학될 수 있습니다.

4  서원에서는 지혜로운 조상님들의 가르침을 본받기 위해 매년 봄과 가을에 '제사'를 지냈습니다.

**글** **임진왜란을 승리로 이끈 조선의 무기는 무엇일까요?**

| 문단 | 중심 낱말 | 중심 내용 |
|------|-----------|-----------|
| 1문단 | 총통 | 조선 전기에 조선군은 총통을, 일본은 조총을 주로 사용했어요. |
| 2문단 | 화약 무기 | 조선군은 화약 무기를 잘 사용하여 임진왜란에서 승리했어요. |

**정답**

1 ②　　　　2 ╳

3 (1) ✕ (2) ◯ (3) ◯　　4 ②

**한 문장 정리** 화약

1 이 글은 조선 시대에 사용한 화약 무기에 관한 글입니다. 1문단은 조선 전기에 조선군이 주로 사용한 총통을 조총과 비교한 내용을 담고 있습니다. 따라서 1문단의 중심 낱말은 '총통'입니다.

3 (1) 조총은 발사 준비 시간이 너무 오래 걸린다는 단점이 있습니다.

4 '비격진천뢰'는 폭발 시간을 조절할 수 있고, 멀리 날아가 땅에 떨어져 한참 있으면 불이 그 안에서 일어나 터지는 무기입니다.

**백과사전** **집중 조명! 조선의 새로운 무기**

**정답**

1 (1) ✕ (2) ◯ (3) ✕　　2 심지 길이를 늘여요.

3 ③　　　　4 ②

1 (1) 화차는 손잡이를 이용해 자리를 옮겨 가며 공격할 수 있는 무기입니다.

(3) 총통기 화차를 발전시킨 것이 변이중 화차입니다.

2 비격진천뢰의 폭발 시간을 늦추기 위해서는 심지 길이를 길게 늘여야 합니다.

3 비격진천뢰와 변이중 화차는 모두 한 번에 많은 수의 적에게 피해를 입힐 수 있는 무기입니다.

4 변이중 화차는 벽이 설치되어 있어 병사를 보호해 주면서 한 번에 여러 개의 탄환을 쏠 수 있는 무기입니다. 이와 비슷한 현대의 무기는 '다연장 로켓포'입니다.

**글** **청나라의 침입에 맞서 조선이 저항한 곳은 어디일까요?**

| 문단 | 중심 낱말 | 중심 내용 |
|------|-----------|-----------|
| 1문단 | 남한산성 | 조선은 후금의 침입에 대비해 남한산성을 정비했어요. |
| 2문단 | 병자호란 | 병자호란이 일어나 조선은 남한산성에서 청나라에 맞서 싸웠지만 결국 항복했어요. |

**정답**

1 ②　　　　2 ⸻

3 ③　　　　4 병자호란이 일어남.

**한 문장 정리** 남한산성

1 이 글은 남한산성과 병자호란의 과정에 관한 글입니다. 1문단은 남한산성 안에 세워진 시설 등 조선이 남한산성을 어떻게 정비했는지에 관한 내용을 담고 있습니다. 따라서 1문단의 중심 낱말은 '남한산성'입니다.

3 조선은 남한산성 안에 옹성, 장대, 암문 등 여러 방어 시설을 지었습니다.

4 후금은 청나라로 나라 이름을 바꾼 뒤 조선을 쳐들어와 전쟁을 일으켰습니다. 이 전쟁은 병자호란입니다.

**안내도** **한양을 지키는 방패, 남한산성**

**정답**

1 ②　　　　2 (1) ✕ (2) ✕ (3) ◯

3 3코스　　　　4 ③

1 남한산성은 삼국 시대에 처음 만들어진 것으로 알려져 있습니다.

2 (1) 남한산성은 경기도 광주시에 있습니다.

(2) 남한산성 안에는 사람들이 생활한 시설과 절 등도 있었습니다.

3 이 안내도에서 시간이 가장 오래 걸리는 등산로 코스는 소요 시간이 90분인 '3코스'입니다.

4 남한산성에서 성의 안과 밖을 굽어볼 수 있도록 가장 높은 곳에 만들어져 지휘소의 역할을 한 시설은 '수어장대'입니다.

글 **조선 시대의 그릇은 어떻게 생겼을까요?**

| 문단 | 중심 낱말 | 중심 내용 |
|------|----------|-----------|
| 1문단 | 분청사기 | 조선 초에는 분청사기를 많이 만들었어요. |
| 2문단 | 도자기 | 조선에서는 사회의 변화에 따라 다양한 도자기가 만들어졌어요. |

정답

1 ③

2 (그림: 선 연결 ✕)

3 (1) ✕ (2) ✕ (3) ○

4 ㉠ 청화 ㉡ 순

**한 문장 정리** 분청사기

1 이 글은 조선 시대에 만들어진 도자기의 종류와 변화 모습에 관한 내용을 담고 있습니다. 따라서 이 글의 중심 낱말은 '도자기'입니다.

3 ⑴ 조선의 분청사기는 회색 흙에 빛깔이 흰 백토로 만든 도자기입니다.
⑵ 백자 달항아리는 흰색 바탕에 아무 무늬가 없습니다.

4 ㉠ 푸른색 물감을 사용하여 만든 도자기는 청화 백자입니다.
㉡ 표면에 아무 무늬가 없는 노자기는 순백자입니다.

**온라인박물관** **조선 도자기의 아름다움**

정답

1 분청사기  2 ③
3 ①  4 청화

1 청자를 만들 때 쓰는 흙과 희고 고운 백토로 이루어졌으며, 여러 가지 기법을 사용하여 무늬를 넣은 조선 시대의 도자기는 '분청사기'입니다.

2 고려에서 쓰인 철화 기법을 조선 사람들도 그대로 사용했습니다.

3 인화 기법은 도자기에 무늬를 새길 때 도장을 사용하는 기법입니다. 도자기 표면에 도장을 찍어서 무늬를 새깁니다.

4 이 도자기는 분청사기이므로 백토가 쓰였습니다. 이름에 철화가 있는 것으로 보아 철화가 쓰였습니다. '청화'는 쓰이지 않았습니다.

정답

1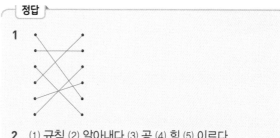

2 ⑴ 규칙 ⑵ 알아내다 ⑶ 공 ⑷ 힘 ⑸ 이르다

3 ⑴ 폭발 ⑵ 횡포 ⑶ 갖추게 ⑷ 체계적 ⑸ 메워

2 ⑴ '규칙'은 여러 사람이 다 같이 지키기로 한 법칙을 말합니다.
⑵ '알아내다'는 방법이나 수단을 써서 모르는 것을 알 수 있게 되는 것을 말합니다.
⑶ '공'은 어떤 일을 이루기 위해 바친 노력과 수고 또는 그 결과를 말합니다.
⑷ '힘'은 기계나 기구 따위가 스스로 움직이거나 다른 물체를 움직이게 하는 작용을 말합니다.
⑸ '이르다'는 어떤 사람의 잘못을 윗사람에게 말하여 알게 하는 것을 말합니다.

**쉬어가기** 108쪽

정답

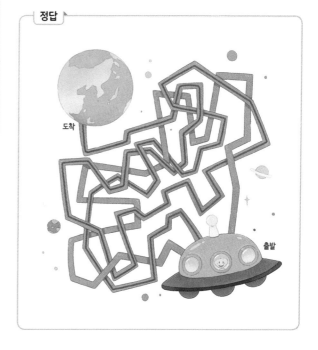

# 찾아보기

### ㅌ

### ㅍ

### ㅎ

# 바른답과 도움말

고객의 꿈, 직원의 꿈, 지역사회의 꿈을 실현한다